양식
조리기능사
실기시험문제

노 수 정

■ 약력
- 세종대학교 대학원(조리학 전공) 박사
- 성균관대학교 대학원(식품영양 위생전공) 석사
- 現) 대경대학교 호텔조리학부 교수
- 우송대학교 외식조리학과 초빙교수
- 국가기술자격 조리기능사 실기시험 감독위원
- 국가기술자격 조리산업기사 실기시험 감독위원
- 국가기술자격 조리기능장 실기시험 감독위원
- 국가공인 조리기능장

■ 저서
- NCS 합격 조리기능사 필기_크라운출판사
- NCS 최신 조리기능사 총정리문제_크라운출판사
- NCS 한식 조리기능사 실기시험문제_크라운출판사
- NCS 양식 조리기능사 실기시험문제_크라운출판사
- NCS 한식 조리기능사 필기시험문제_크라운출판사
- NCS 양식 조리기능사 필기시험문제_크라운출판사
- NCS 중식 조리기능사 필기시험문제_크라운출판사
- NCS 일식·복어 조리기능사 필기시험문제_크라운출판사
- 조리기능사 필기 최근 3년간 출제문제_크라운출판사
- 몸을 가볍게 하는 다이어트 샐러드_크라운출판사

■ 촬영
- 사진기자 : 정석용, 김장곤
- 촬영연구원 : 이춘자, 손순이, 안상란, 이현숙, 정은선, 임선희, 우선혜, 김미선

■ 협찬
- 그릇 : 세창
- 자료 : 숭문서점

■ 내용문의
- 010-5494-0990
- rsj7@tk.ac.kr

양식조리기능사
실기 교재를 펴내면서

21세기 음식문화는 단순히 영양을 섭취하여 신체의 원활한 활동을 유지하는 것이 아니라 맛과 분위기를 연출해서 행복한 시간을 갖는 문화로 변하고 있습니다.

최근 요리문화가 다양한 미적 감각으로 변화함에 따라 다양한 음식 생활 문화가 창출되고 있으며 이에 따라 조리사란 직업이 유망직종으로 떠오르게 되었습니다.

이《양식조리기능사 실기시험문제》교재는 양식조리기능사 자격시험에 응시하여 자격증을 취득하고자 하는 분들을 위해 한국산업인력공단에서 실시하는 양식조리기능사 실기 공개문제 30가지의 출제문제와 채점기준을 철저하게 분석하여 다음과 같은 사항에 중점을 두어 만들었습니다.

1. 양식조리 30가지 메뉴 모두를 각 과정별 컬러사진으로 설명하여 수험생 스스로 사진을 보고 직접 실습을 할 수 있게 하였습니다.
2. 양식조리 30가지 실기시험문제 지급재료를 주재료로 하여 수록하였습니다.
3. 실기시험 채점과 직결되는 중요한 조리법은 참고란을 만들어 이해를 높였습니다.
4. 각 조리에 세심한 설명이 필요한 부분은 본문에서 떼어내어 따로 조리과정을 두고 설명하여 이해를 높였습니다.

현장 실무경험과 대학 강의경험 및 양식조리기능사, 산업기사 실기시험 감독을 통해 쌓은 그동안의 실전경험으로 수험생들이 이해하기 쉽게 재료 하나하나의 조리법을 설명하였습니다. 이 교재로 공부한 수험자 모두에게 합격의 영광이 함께하기를 기대하며 부족한 부분은 계속 수정 보완하여 알찬 교재가 되도록 노력할 것을 약속드립니다.

끝으로 어려운 여건 하에서도 내용과 집필 과정, 조리진행에 여러 가지 도움을 주신 촬영 연구원들과 사진기자님, 출판을 허락하여 주신 크라운출판사 회장님과 사장님 그리고 편집부 임직원 여러분께 고마움을 전합니다.

저자 드림

■ 이 책의 내용 문의는 rsj7@tk.ac.kr 또는 010-5494-0990으로 하시기 바랍니다.

양식조리기능사
실기시험문제 목차

• 서양요리의 기초

- 008 양식조리기능사 실기시험안내
- 013 위생복(가운) 착용방법과 실기 준비물 및 조리도구 진열방법
- 014 양식조리기능사 실기시험에서 나오는 향신료와 조미료
- 016 양식조리기능사 실기시험에 나오는 재료

• 서양요리의 기초

- 024 서양요리의 개요
- 025 서양요리 기본 썰기 용어
- 026 서양요리의 기본 조리방법
- 028 서양요리의 테이블 세팅 및 식사순서
- 032 식품의 계량 및 온도 계산법

• 기본재료 다루기

- 034 칼 잡는 방법
- 035 부케가르니 만들기
- 036 토마토 손질법
- 038 파슬리 가루 만들기
- 039 루(Roux) 만들기
- 040 당근 비취(Vichy) 모양으로 다듬기
- 041 크루톤(Crouton) 만들기
- 042 쉬림프 카나페용 식빵 모양내기
- 043 새우튀김용 새우 손질하기
- 044 바베큐 폭찹용 돼지갈비 손질하기
- 045 치킨 커틀렛용 닭 포뜨기
- 047 해산물 샐러드용 관자 손질하기
- 048 해산물 샐러드용 피홍합 손질하기
- 049 해산물 샐러드용 새우 손질하기
- 050 참치 타르타르 퀜넬 모양잡기
- 051 참치 타르타르에 사용할 샐러드 부케 만들기
- 052 사세 데피스 만들기(브라운스톡에 사용)

Western food cook practical technique

 • 양식조리기능사 실기

【조식요리】
- 054　01. 치즈오믈렛
- 058　02. 스패니쉬 오믈렛

【전채요리】
- 062　03. 쉬림프 카나페
- 066　04. 참치 타르타르

【스톡】
- 070　05. 브라운 스톡

【수프】
- 074　06. 비프 콘소메
- 078　07. 피시 차우더 수프
- 082　08. 프렌치 어니언 수프
- 086　09. 포테이토 크림 수프
- 090　10. 미네스트로니 수프

【소스】
- 094　11. 브라운 그래비 소스
- 098　12. 홀렌다이즈 소스
- 102　13. 이탈리안 미트소스
- 106　14. 타르타르소스

【샐러드와 드레싱】
- 110　15. 월도프 샐러드
- 114　16. 포테이토 샐러드
- 118　17. 해산물 샐러드
- 122　18. 시저 샐러드
- 126　19. 사우전 아일랜드 드레싱

【생선요리】
- 130　20. 프렌치 프라이드 쉬림프

【주 요리】
- 134　21. 바베큐 폭찹
- 138　22. 비프 스튜
- 142　23. 살리스버리 스테이크
- 146　24. 서로인 스테이크
- 150　25. 치킨 커틀렛
- 154　26. 치킨 알라킹

【샌드위치】
- 158　27. BLT 샌드위치
- 162　28. 햄버거 샌드위치

【파스타】
- 166　29. 토마토소스 해산물 스파게티
- 170　30. 스파게티 카르보나라

양식조리기능사 실기시험안내

1. 응시자격 기준 : 응시자격에 제한 없음

2. 검정방법 : 필기시험 후 합격자에 한하여 실기시험 응시

3. 검정 시행 형태 및 합격결정 기준

계열	자격등급	필기시험	실기시험
기능계	기능사	객관식 4지 택일형(100점 만점에 60점 이상)	작업형(100점 만점에 60점 이상)

4. 실기시험 진행 방법

1) 1차 필기시험에서 합격한 수험생은 2차 실기시험에 대하여 2년간 연속하여 응시할 수 있다.
2) 실기시험의 일시와 장소는 실기시험 5일 전에 해당 지방사무소에 게시 공고된다.
3) 수험자는 자신의 수검번호와 시험날짜 및 시간, 장소를 정확히 확인하여 지정된 시험시간 30분 전에 시험장에 도착하여 수험자 대기실에서 대기한다.
4) 출석을 확인한 후 비번호(등번호)를 배정받고 대기실에서 실기시험 장내로 이동한다.
5) 각자의 등번호와 같은 조리대를 찾아 개인 준비물을 꺼내 놓고 정돈하며 본부요원의 지시에 따라 시험 볼 주재료와 양념류를 확인하고 조리기구를 점검한다.
6) 지급재료 목록표와 본인이 지급받은 재료를 비교하여 차이가 없는지 확인하여 차이가 있으면 시험위원에게 알려 시험이 시작되기 전에 조치를 받도록 한다.
7) 시험시작을 알리면 음식 만들기에 들어간다.
8) 수험자 요구사항을 충분히 숙지하여 정해진 시간 내에 지정된 조리작품 2가지를 만들어 등번호표와 함께 제출하고 이어서 청소 및 정돈을 한다.
9) 익혀야 할 음식을 익히지 않았거나 태웠을 경우, 요구사항에 나와 있는 작품의 갯수보다 부족할 경우 또는 연장시간을 사용할 경우 채점대상에서 제외된다. 합격선은 60점 이상이다.

5. 시험장에서의 주의사항

1) 검정시험은 지정된 것을 사용하여야 하며 재료를 시험장 내에 지참할 수 없다.
2) 시험장 내에서는 정숙하여야 한다.
3) 지정된 장소를 이탈할 경우 감독위원의 사전 승인을 받아야 한다.
4) 조리기구 중 가스 및 칼 등을 사용할 때에는 안전에 유념하여야 한다.
5) 가스렌지 화구 2개 이상 사용한 경우에는 채점 대상에서 제외된다.
6) 지급재료는 1회에 한하여 지급되며 재지급은 하지 않는다. 다만 검정시행 전 수험자가 사전에 지급된 재료를 검수하여 불량재료 또는 지급량이 부족하다고 판단될 경우에는 즉시 시험위원에게 통보하여 교환 또는 추가 지급받도록 한다.
7) 지급된 재료는 1인분의 양이므로 주재료 전부를 사용하여 조리하여야 한다.
8) 감독위원이 요구하는 작품이 두 가지인 경우도 두 가지 요리를 모두 선택 분야별로 지정되어 있는 표준시간 내에 완성하여야 한다.
9) 요구작품이 두 가지인데 한 가지 작품만 만들었을 경우에는 미완성으로 채점 대상에서 제외된다.
10) 시험 중 시설 · 장비(칼, 가스레인지 등) 사용 시 감독위원 및 타수험자의 시험 진행에 위험이 될 것으로 감독위원 전원이 합

의하여 판단한 경우 실격처리된다.
11) 불을 사용하여 만든 조리작품이 불에 익지 않은 경우에는 미완성으로 채점 대상에서 제외된다.
12) 검정이 완료되면 작품을 감독위원이 지시하는 장소에 신속히 제출하여야 한다.
13) 작품을 제출한 다음 본인이 조리한 장소와 주변 등을 깨끗이 청소하고 조리기구 등은 정리 정돈 후 감독위원의 지시에 따라 시험실에서 퇴장한다.

6. 양식조리기능사 실기 수험자 지참준비물 목록

번호	재료명	규격	단위	수량	비고
1	가위	-	EA	1	
2	강판	-	EA	1	
3	거품기	수동	EA	1	자동 및 반자동 사용 불가
4	계량스푼	-	EA	1	
5	계량컵	-	EA	1	
6	국대접	기타 유사품 포함	EA	1	
7	국자	-	EA	1	시험장에도 준비되어 있음
8	냄비	-	EA	1	시험장에도 준비되어 있음
9	다시백	-	EA	1	
10	도마	흰색또는 나무도마	EA	1	시험장에도 준비되어 있음
11	뒤집개	-	EA	1	
12	랩	-	EA	1	
13	마스크		EA	1	*위생복장(위생복,위생모,앞치마,마스크)을 착용하지 않을 경우 채점대상에서 제외(실격)됩니다.
14	면포/행주	흰색	장	1	
15	밥공기		EA	1	
16	볼(bowl)	-	EA	1	
17	비닐백	위생백, 비닐봉지 등 유사품 포함	장	1	
18	상비의약품	손가락골무, 밴드 등	EA	1	
19	쇠조리(혹은 체)	-	EA	1	
20	숟가락	차스푼 등 유사품 포함	EA	1	
21	앞치마	흰색(남,녀공용)	EA	1	*위생복장(위생복,위생모,앞치마,마스크)을 착용하지 않을 경우 채점대상에서 제외(실격)됩니다.
22	위생모	흰색	EA	1	*위생복장(위생복,위생모,앞치마,마스크)을 착용하지 않을 경우 채점대상에서 제외(실격)됩니다.
23	위생복	상의-흰색/긴소매, 하의-긴 바지(색상무관)	벌	1	*위생복장(위생복,위생모,앞치마,마스크)을 착용하지 않을 경우 채점대상에서 제외(실격)됩니다.
24	위생타올	키친타올, 휴지 등 유사품 포함	장	1	
25	이쑤시개	산적꼬치 등 유사품 포함	EA	1	
26	접시	양념접시 등 유사품 포함	EA	1	
27	젓가락		EA	1	나무젓가락 필수 지참(오믈렛용)
28	종이컵	-	EA	1	
29	종지	-	EA	1	
30	주걱	-	EA	1	
31	집게	-	EA	1	
32	채칼(box grater)	-	EA	1	시저샐러드용으로만 사용 가능
33	칼	조리용칼, 칼집포함	EA	1	

34	테이블스푼	-	EA	2	필수지참, 숟가락으로 대체 가능
35	호일	-	EA	1	
36	후라이팬	-	EA	1	시험장에도 준비되어 있음

1. 지참준비물의 수량은 최소 필요수량이므로 수험자가 필요시 추가 지참 가능합니다.
2. 지참준비물은 일반적인 조리용을 의미하며, 기관명, 이름 등 표시가 없는 것이어야 합니다.
3. 지참준비물 중 수험자 개인에 따라 과제를 조리하는데 불필요하다고 판단되는 조리기구는 지참하지 않아도 됩니다.
4. 지참준비물 목록에는 없으나 조리에 직접 사용되지 않는 조리 주방용품(예, 수저통 등)은 지참 가능합니다.
5. 수험자지참준비물 이외의 조리기구를 사용한 경우 채점대상에서 제외(실격)됩니다.
6. 위생상태 세부기준은 [큐넷] – [자료실] – [공개문제]에 공지된 "위생상태 및 안전관리 세부기준"을 참조하시기 바랍니다.

7. 개인위생상태 및 안전관리 세부기준

1) 위생상태 및 안전관리 세부기준

순번	구분	세부기준
1	위생복 상의	• 전체 흰색, 손목까지 오는 긴소매 　– 조리과정에서 발생 가능한 안전사고(화상 등) 예방 및 식품위생(체모 유입방지, 오염도 확인 등) 관리를 위한 기준 적용 　– 조리과정에서 편의를 위해 소매를 접어 작업하는 것은 허용 　– 부직포, 비닐 등 화재에 취약한 재질이 아닐 것, 팔토시는 긴팔로 불인정 • 상의 여밈은 위생복에 부착된 것이어야 하며 벨크로(일명 찍찍이), 단추 등 크기, 색상, 모양, 재질은 제한하지 않음(단, 금속성은 제외)
2	위생복 하의	• 색상·재질무관, 안전과 작업에 방해가 되지 않고, 발목까지 오는 긴바지 　– 조리기구 낙하, 화상 등 안전사고 예방을 위한 기준 적용
3	위생모	• 전체 흰색, 빈틈이 없고 바느질 마감처리가 되어 있는 일반 조리장에서 통용되는 위생모(모자의 크기, 길이, 모양, 재질(면·부직포 등)은 무관)
4	앞치마	• 전체 흰색, 무릎 아래까지 덮이는 길이 　– 상하일체형(목끈형) 가능, 부직포·비닐 등 화재에 취약한 재질이 아닐 것
5	마스크	• 침액을 통한 위생상의 위해 방지용으로 종류는 제한하지 않음(단, 감염병 예방법에 따라 마스크 착용 의무화 기간에는 '투명 위생 플라스틱 입가리개'는 마스크 착용으로 인정하지 않음)
6	위생화 (작업화)	• 색상 무관, 굽이 높지 않고 발가락·발등·발뒤꿈치가 덮여 안전사고를 예방할 수 있는 깨끗한 운동화 형태
7	장신구	• 일체의 개인용 장신구 착용 금지(단, 위생모 고정을 위한 머리핀 허용)
8	두발	• 단정하고 청결할 것, 머리카락이 길 경우 흘러내리지 않도록 머리망을 착용하거나 묶을 것
9	손/손톱	• 손에 상처가 없어야 하나, 상처가 있을 경우 보이지 않도록 할 것(시험위원 확인 하에 추가 조치 가능) • 손톱은 길지 않고 청결하며 매니큐어, 인조손톱 등을 부착하지 않을 것
10	폐식용유 처리	• 사용한 폐식용유는 시험위원이 지시하는 적재장소에 처리할 것
11	교차오염	• 교차오염 방지를 위한 칼, 도마 등 조리기구 구분 사용은 세척으로 대신하여 예방할 것 • 조리기구에 이물질(예: 청테이프)을 부착하지 않을 것

12	위생관리	• 재료, 조리기구 등 조리에 사용되는 모든 것은 위생적으로 처리하여야 하며, 조리용으로 적합한 것일 것
13	안전사고 발생 처리	• 칼 사용(손 빔) 등으로 안전사고 발생 시 응급조치를 하여야 하며, 응급조치에도 지혈이 되지 않을 경우 시험진행 불가
14	눈금표시 조리기구	• 눈금표시된 조리기구 사용 허용(실격 처리되지 않음, 2022년부터 적용) (단, 눈금표시에 재어가며 재료를 써는 조리작업은 조리기술 및 숙련도 평가에 반영)
15	부정 방지	• 위생복, 조리기구 등 시험장 내 모든 개인물품에는 수험자의 소속 및 성명 등의 표식이 없을 것(위생복의 개인 표식 제거는 청테이프로 부착 가능)
16	테이프 사용	• 위생복 상의, 앞치마, 위생모의 소속 및 성명을 가리는 용도로만 허용

※ 위 내용은 안전관리인증기준(HACCP) 평가(심사) 매뉴얼, 위생등급 가이드라인 평가 기준 및 시행상의 운영사항을 참고하여 작성된 기준입니다.

2) 위생상태 및 안전관리에 대한 채점기준 안내

위생 및 안전 상태	채점기준
1. 위생복(상/하의), 위생모, 앞치마, 마스크 중 한 가지라도 미착용한 경우 2. 평상복(흰티셔츠, 와이셔츠), 패션모자(흰털모자, 비니, 야구모자) 등 기준을 벗어난 위생복을 착용한 경우	실격 (채점대상 제외)
3. 위생복(상/하의), 위생모, 앞치마, 마스크를 착용하였더라도 • 무늬가 있거나 유색의 위생복 상의 · 위생모 · 앞치마를 착용한 경우 • 흰색의 위생복 상의 · 앞치마를 착용하였더라도 부직포, 비닐 등 화재에 취약한 재질의 복장을 착용한 경우 • 팔꿈치가 덮이지 않는 짧은 팔의 위생복을 착용한 경우 • 위생복 하의의 색상, 재질은 무관하나 짧은 바지, 통이 넓은 힙합 스타일 바지, 타이츠, 치마 등 안전과 작업에 방해가 되는 복장을 착용한 경우 • 위생모가 뚫려있어 머리카락이 보이거나, 수건등으로 감싸 바느질 마감처리가 되어 있지 않고 풀어지기 쉬워 일반 조리장용으로 부적합한 경우 4. 이물질(예: 테이프) 부착 등 식품위생에 위배되는 조리기구를 사용한 경우	'위생상태 및 안전관리' 점수 전체 0점
5. 위생복(상/하의), 위생모, 앞치마, 마스크를 착용하였더라도 • 위생복 상의가 팔꿈치를 덮기는 하나 손목까지 오는 긴소매 아닌 위생복(팔토시 착용은 긴소매로 불인정), 실험복 형태의 긴가운, 핀 등 금속을 별도 부착한 위생복을 착용하여 세부기준을 준수하지 않았을 경우 • 테두리선, 칼라, 위생모 짧은 창 등 일부 유색의 위생복 상의 · 위생모 · 앞치마를 착용한 경우(테이프 부착 불인정) • 위생복 하의가 발목까지 오지 않는 8부 바지 • 위생복(상/하의), 위생모, 앞치마, 마스크에 수험자의 소속 및 성명을 테이프 등으로 가리지 않았을 경우 6. 위생화(작업화), 장신구, 두발, 손/손톱, 폐식용유 처리, 안전사고 발생처리 등 '위생상태 및 안전관리 세부기준'을 준수하지 않았을 경우 7. '위생상태 및 안전관리 세부기준'이외에 위생과 안전을 저해하는 기타사항이 있을 경우	'위생상태 및 안전관리' 점수 일부 감점

※ 위 기준에 표시되어 있지 않으나 일반적인 개인위생, 식품위생, 주방위생, 안전관리를 준수하지 않을 경우 감점처리 될 수 있습니다.
※ 수도자의 경우 제복 + 위생복 상의/하의, 위생모, 앞치마, 마스크 착용 허용

8. 실기시험 채점기준표

1) 공통채점

항목	세부항목	배점
위생 및 안전관리	개인위생(위생복, 위생모 또는 머리수건, 앞치마, 긴바지 착용 및 개인위생상태), 정리정돈 및 청소, 조리과정재료기구취급, 안전관리	5점

2) 조리기술 및 작품평가(작품 A, 작품 B : 각각)

항목	세부항목	배점
조리기술	조리순서 및 재료, 기구 등 취급상태	30점
작품평가	맛, 색, 그릇담기	15점
맛을 보는 경우	조리 시 맛을 보는 경우	0점, -2점

※ 채점은 실기시험감독 두 분이 각각 작품 A와 작품 B를 50점 만점으로 채점하여 합계 60점 이상이 되면 합격임

9. 등록안내

1) 합격자 발표

인터넷 : http://www.hrdkorea.or.kr(안내기간 7일)

2) 등록에 필요한 준비물

수검표, 증명사진 1매, 수수료, 주민등록증

3) 재교부

자격수첩 분실자 및 훼손자에 대하여 자격수첩을 재교부하는 것을 말하며 재교부 신청 시는 당초 발급받은 사무소에 신청하면 당일 교부되며, 타 지방사무소에 신청하면 등록사항 조회기간만큼 지연됩니다.

한국산업인력공단 : www.hrdkorea.or.kr / www.q-net.or.kr
1. 고객센터 : 1644-8000
   합격자 자동응답, 실기시험 수검사항 공고, 기타 검정일정, 직업교육훈련, 인력관리 안내 등
2. 합격자 자동응답 안내 : 1666-0100

위생복(가운) 착용방법과 실기준비물 및 조리도구 진열방법

〈위생복 착용과 조리도구 진열 모습〉

〈수험자의 뒷모습〉

〈완성품 제출 모습〉

1. 수험자의 복장은 가운과 앞치마는 흰색을 착용하며 깨끗하게 다려 구겨지지 않도록 하고 모자는 종이로 된 것이나 스카프를 착용하며 머리카락이 밖으로 나오지 않도록 앞머리도 모두 올려서 쓰며 뒷머리는 머리가 긴 여자의 경우 검정 그물망 핀으로 고정시켜 뒷머리도 흘러 내리지 않도록 한다. 조리 시 모자가 움직일 수 있으므로 실핀으로 양옆을 고정시킨다.

2. 수험자의 뒷모습은 지급받은 등번호판을 옷핀으로 고정시키고 검정바지에 안전화를 신어 단정하고 깔끔하게 준비한다. 수험자가 피해야 할 복장은 색깔있는 앞치마, 청바지, 반바지, 샌들 등이며, 장신구(시계, 반지, 팔찌, 매니큐어 등)의 사용은 금한다. 도마 밑에는 젖은 행주를 깔아 도마가 밀리고 소리나는 것을 방지하며 행주는 사각으로 접어 왼쪽 상단에 둔다. 칼은 손잡이가 테이블 밖으로 나오지 않도록 오른쪽에 두고 기타 도구는 조리하기 편한 위치에 둔다.

3. 완성된 조리작품 2가지는 등번호표와 함께 제출(등번호판은 본부 요원이 완성품 제출 시 떼어준다)한다.

〈작품제출 평가 시 수험자가 알아두어야 할 사항〉

1. 실기시험 진행 시 음식의 맛을 보면 – 2점 처리를 받으므로 맛은 보지 않도록 한다.
2. 작품 수량미달, 2과제 중 1과제만 만든 경우, 작품이 타거나 익지 않은 경우는 미완성으로 점수를 받을 수가 없다.
3. 시간초과(주어진 시간 내에 완성하지 못한 경우)는 채점대상에서 제외되어 점수를 받을 수 없으므로 시간 내에 완성품을 내도록 한다.
4. 조리법이 다르면 오작(요리형태상이) 처리가 되어 점수를 받을 수가 없으므로 조리법이 틀리지 않도록 한다.

양식조리기능사 실기시험에 나오는 향신료와 조미료

다음에 소개하는 재료는 양식조리기능사 실기시험 메뉴 30가지에 나오는 향신료와 조미료들이다. 모양새와 쓰임새를 잘 익혀두어 당일 시험메뉴에 사용되는 품목이 아니더라도 조미료통에 들어 있는 경우가 있을 때 잘 구분하여 실수없이 당일 시험메뉴에 들어가는 것만 사용하도록 한다.

〈흰 후춧가루〉 〈검은 후춧가루〉 〈통후추〉 〈정향〉
〈다임〉
〈월계수잎〉 〈타라곤〉 〈홀스레디쉬〉 〈양겨자〉

1. 흰 후춧가루(White pepper)
완전히 익은 후춧가루를 말려서 외피를 벗겨 분말의 형태로 만들며 색이 연한 색의 소스나 음식에 이용된다.

2. 검은 후춧가루(Black pepper)
통후추를 갈아서 분말의 형태로 사용하는 것으로 서양요리의 향신료 중에서 가장 일반적으로 사용된다. 흰 후춧가루를 사용해야 하는 연한 음식 외에도 각종 요리에 사용된다.

3. 통후추(Whole pepper)
열매가 덜 익었을 때 따서 껍질이 어두운 갈색에서 검은색으로 변할 때까지 말린 것이다. 흰 후추보다 매운 맛이 훨씬 강하다. 통후추는 수프, 고기요리, 그래비 소스 등에 사용된다.

4. 정향(Clove)
열대성 상록수인 정향나무의 개화되지 않은 봉오리를 건조시킨 것이다. 강한 방향성분과 얼얼한 맛의 특징을 가지며 통째로 또는 가루로 사용되는데 시험장에서는 통째로 말린 것이 지급이 된다. 훈연가공품, 과자류, 수프, 스톡, 푸딩 등에 이용된다.

5. 월계수잎(Bay leaf)
지중해에서 자라는 월계수나무의 잎으로 암녹색에서 건조시키면 올리브 녹색이 된다. 얼얼한 맛과 특이한 향미가 있어 수프, 소스, 스튜, 피클, 생선 등에 사용하며 이탈리아풍 요리에 사용한다.

6. 타라곤(Tarragon)
다년생 허브로 유럽이 원산지이고 좁고 뾰족한 짙은 초록색 잎사귀들은 독특한 anise 같은 향기를 낸다. 피클, 수프, 샐러드에 사용된다.

7. 홀스레디쉬(Horseradish)
겨자과의 식물로 중앙 유럽과 아시아가 원산지이다. 흰색의 뿌리를 갈아서 사용하며 생선이나 육류요리에 소스나 양념으로 사용한다.

8. 양겨자(Mustard)
야채로 사용되는 머스터드잎은 날 것으로 먹기도 하고 열을 가하기도 하며 보통 흰색(또는 노란색)과 갈색, 검은 겨자씨 3가지 종류로 나뉘며 주로 소스, 샐러드, 피클, 주요리의 향신료 등에 사용한다.

9. 다임(Thyme)
꿀풀과의 백리향속 식물의 일종으로 지중해가 원산지인 다임은 유고, 체코, 영국, 스페인, 미국 등에서 재배되며 둥글게 말린 잎과 불그스름한 라일락 색을 띤 입술 모양의 꽃이 핀다. 백리향의 어린 싹이나 잎을 말려서 가루로 만든 것으로 육류요리, 닭이나 패류요리, 소스, 수프 등에 사용하면 좋다.

〈올리브오일〉 〈계피가루〉 〈파마산치즈〉 〈카이엔페퍼〉
〈카놀라오일〉 〈우스터소스〉 〈칠리소스〉 〈토마토 페이스트〉

10. 계피가루(Cinnamon powder)
주요 생산지는 스리랑카와 미국, 중국 등이고 계수나무의 껍질을 그대로 사용하거나 가루로 사용한다. 과일조림, 피클, 수프, 빵 등에 널리 이용한다.

11. 파마산 치즈(Parmesan cheese)
파마산 치즈는 주로 갈아서 사용하며 이 치즈는 입안에서 녹는 과립상의 질감을 가지고 있다.

12. 카이엔페퍼(Cayenne pepper)
남미산의 맵고, 얼얼한 작은 고추로서 곱게 가루로 하여 육류, 어류, 달걀요리와 드레싱, 소스 등에 이용한다.

13. 우스터소스(Worcester sauce)
원조는 영국 우스터시로 맑고 어두운 색의 톡 쏘는 맛의 식탁용 소스로 사용되는 것은 물론 수프, 고기 등에 맛을 낼 때 사용된다. 토마토 퓨레, 양파, 당근, 마늘 등의 야채즙과 향신료, 소금, 조미료, 캐러멜 등으로 만든다.

14. 칠리소스(Chili sauce)
토마토에 칠리, 양파, 칠리파우더, 그린페퍼, 식초, 설탕 등을 넣어 만든 소스로 수프, 소스, 야채, 육류 등의 요리에 이용된다.

15. 토마토 페이스트(Tomatopaste)
토마토를 껍질과 씨를 제거한 후 여러 시간 동안 불에서 끓인 다음 체에 거르고 다시 졸여서 풍부한 향미를 가진 농축액이 될 때까지 졸여서 만든다. 반고체에 가까우며 토마토 퓨레와 케찹의 중간이라 할 수 있다. 각종 소스나 수프, 육류요리에 이용된다.

16. 올리브 오일(Olive Oil)
올리브 나무의 열매에서 얻은 오일로, 버진 올리브유(Virgin Olive Oil)는 일체의 용제를 사용하지 않고 다른 종류의 기름과 혼합되지 않은 것으로 엑스트라 버진 올리브유(Extra Virgin Olive Oil)는 버진 올리브유 중 완벽한 맛과 향을 갖추고 있으며, 올레인 산의 산도가 1% 이하로, 열을 가하거나, 화학적으로 정제되지 않고, 압착의 과정을 통해 추출된것으로 가장 좋은 올리브유에만 Extra Virgin(엑스트라 버진) 라벨이 붙여진다.

17. 카놀라오일(Canola Oil)
겨자과에 속하는 1~2년생 초본인 유채의 꽃씨로부터 압착·추출한 반건성유로 '채종유' 또는 '유채유'라고 부른다. 보통의 유채씨에는 독성물질인 에루스산(erucic acid)과 갑상선비대증을 일으키는 글루코시놀레이트(glucosinolat)가 들어있다. 이러한 유채씨의 단점을 보완하기 위해 1978년 캐나다 정부에서 품종개량을 통하여 건강에 악영향을 끼치는 에루스산을 줄인 LEAR(low erucic acid rapeseed)라는 신품종을 개발하여 카놀라(Canadian low erucic acid, low glucosinolat rapeseed, canola)라는 명칭을 붙였으며, 여기서 추출한 기름을 '카놀라유'라 하였다. 튀김, 부침, 볶음, 무침 등의 요리에 주로 사용하고, 마가린, 마요네즈, 샐러드 드레싱 제조에 사용된다.

양식조리기능사 실기시험에 나오는 재료

1. 처빌(Chervil)

아니스 열매의 맛을 풍기는 처빌의 섬세한 맛은 향이 순해서 동양인의 기호에 잘 맞아 최근에 사용량이 늘고 있다. 신선한 것은 수프나 샐러드에 이용되고 건조된 것은 소스의 양념과 양고기 구이에 주로 이용된다. 처빌향은 휘발성 증유이기 때문에 열을 가하면 향미가 없어지므로 다른 허브와 혼합(Fines herbes - 처빌, 차이브, 타라곤, 파슬리를 잘게 썰어서 혼합)하여 사용하면 독특한 풍미가 난다.

2. 차이브(Chive)

우리나라 파와 비슷한 일종이지만 파 냄새가 나지 않고 톡 쏘면서도 향긋해서 식욕을 돋우는 것이 특징이다. 차이브는 소화효소의 분비를 촉진시켜 식욕증진에 도움을 주며 비타민이 풍부하다. 잎은 길이에 맞게 잘라 가니쉬로 사용하기도 하고, 생선이나 육류요리에 넣으면 냄새를 없애주고 풍미를 더해준다.

3. 딜(Dill)

캐러웨이 종자와 비슷한 풍미를 가지며 포기 전체에서 향기가 나는 데 줄기, 잎, 꽃, 종자 모두 이용할 수 있다. 딜은 향기롭고 약간 날카로운 달콤한 맛을 내는데, 잎은 연어의 마리네이드, 감자, 오이, 샐러드에 사용하고 줄기는 생선의 소스, 생선구이의 풍미에 이용하며 씨는 빵과 과자를 구울 때나 피클에 사용한다.

4. 파슬리(Parsley)

파슬리는 가장 잘 알려진 허브이고 서양요리에는 빠져서는 안 되는 중요한 재료로 향미나 가니쉬 용도로 가장 흔히 사용된다. 비타민 A, 비타민 C, 칼슘과 철분이 풍부하고, 잎은 장식용이나 양념으로 이용되기도 하며, 줄기는 주로 맛을 내기 위해 사용되는데, 달지 않은 요리라면 어떤 것에도 넣을 수 있다. 월계수 잎, 타임(Thyme)과 함께 부케가르니에 반드시 이용되고 모든 소스, 파슬리 버터 등에도 이용된다.

5. 그린빈스(Green beans)

다 자라지 않은 완두콩이 들어있는 어린 콩깍지이다. 대게 부드럽고 향이 좋은데 꼬투리를 따라서 하나의 굵은 섬유질이 있으므로 조리 전 제거하는 것이 좋다. 그린빈스는 Fresh beans와 통조림으로 사용되는데 Fresh beans를 고를 때는 색이 밝고 흠집이 없으며 필요 이상으로 크지 않은 것이 좋다. 통조림으로 만들어진 것은 부드러움이나 맛이 떨어지지는 않지만 Fresh beans보다는 색감이 떨어진다.

6. 셀러리(Celery)

잎사귀보다는 줄기와 어린잎을 사용한다. 수분함량이 높으며 독특한 향미성분이 있어 생식용으로 샐러드에 많이 이용되고 있다. 다량의 섬유질을 갖고 있어 배설을 도우며 낮은 당함량과 지방이 함유되어 있어 대표적인 다이어트 채소로 꼽힌다. 마그네슘과 철분이 많으므로 혈구생성을 돕고 신장결석, 기관지 천식, 신경쇠약, 빈혈 등에 효과적이다.

7. 케이퍼(Caper)

지중해 연안에 널리 자생하고 있는 식물로 꽃봉오리 부분을 향신료로 사용한다. 꽃봉오리의 크기에 따라 품질이 분류되는데 꽃이 피기 전 작은 것이 최상품이다. 주로 소금물에 저장하였다가 물기를 빼서 식초에 담가 놓았다가 사용한다. 육류나 기름기가 많은 생선요리의 냄새제거에 쓰거나 생 것을 다져서 소스나 드레싱, 마요네즈에 섞어 쓴다. 소화촉진 및 위장의 염증이나 설사에 효과적이라고 알려져 있다.

8. 비타민(Vitamin)

국내에서는 어린포기를 길러먹지만 원래 비타민은 크게 키워내는 것이다. 서양요리에 필수적이면서 우리나라에서는 국, 조림, 볶음, 무침, 전골에 사용하고 김치를 만들어 먹기도 한다. 추위에 강해 서리를 맞으면 단맛이 증가해서 맛이 좋다. 비타민 A에 카로틴 함량은 시금치의 2배로 혈액순환 및 위를 튼튼하게 하는 효과가 있다.

양식조리기능사 실기시험에 나오는 재료

9. 그린치커리(Green chicory)

북유럽이 원산지인 치커리는 생육이 왕성하고 환경에 잘 적응하기 때문에 많이 재배한다. 뿌리는 약간 익혀서 버터를 발라먹고, 잎은 샐러드로 먹는데, 뿌리에서 자라나는 어린잎을 봄에 채취해 이용한다. 꽃은 중추신경계통의 흥분제 및 심장 활동을 증강시키는 약으로 쓰이며, 뿌리는 이뇨, 강장, 건위 및 피를 맑게 하는 민간약으로 이용하기도 한다.

10. 롤라로사(Lollo rossa)

유럽 상추의 한 종류로, 생김새가 매우 곱슬곱슬하며, 철과 마그네슘, 칼륨, 칼슘이 풍부하다. 신경계통과 폐조직의 세포를 만들어내는 효과가 있다. 유럽에서는 샐러드용으로, 우리나라에서는 주로 쌈 채소로 이용된다. 색깔이 고와 장식용 채소로도 많이 이용된다. 겉잎에는 베타카로틴이 많이 함유되어 있으므로 버리지 말고 이용하는 것이 좋다.

11. 그린올리브(Green olive)

터키가 원산지로 지중해 연안에 일찍 전파되었다. 주요 생산국은 이탈리아, 에스파냐, 그리스, 프랑스, 미국 등이다. 열매는 타원형이며 자흑색으로 익는다. 이것은 푸른색과 검은색 두 종류로, 그린올리브가 완전히 익으면 블랙올리브가 된다. 과육에서 짠 기름을 올리브유라고 하며 빵에 찍어먹거나 샐러드의 소스에 사용하는 등 용도가 매우 다양하다. 열매 자체를 식용하기도 한다.

12. 파프리카(Paprika)

중앙아메리카가 원산지이며, 미국, 유럽, 브라질 등지에서 많이 재배되고 있는 착색형의 피망이다. 최근 한국에서도 샐러드용 등으로 많이 사용되어 일 년 내내 생산되고 있다. 향기가 좋고 맛이 있으며 비타민 A와 비타민 C가 풍부하여 튀김, 소박이, 샐러드 등으로 한식·양식·중식 등의 각종 요리에 쓰인다.

13. 물냉이(Water cress)

유라시아를 원산지로 하는 물냉이는 깨끗한 물이나 진흙 위에서 자란다. 우리나라에서는 흔치 않은 식물이며, 향긋하면서도 톡 쏘는 매운 맛과 씁쌀하고 상쾌한 맛이 난다. 물냉이의 매운맛 성분인 시니그린이 식욕을 증진시키는 동시에 고기의 소화를 도우므로 소고기, 돼지고기, 닭고기 등과 함께 먹으면 효과가 있다. 물냉이는 뼈의 강화에 필수적인 칼슘과 피부미용에 효과가 있는 β-카로틴이 풍부하며, 칼슘 이외에 인, 철분 등의 무기질도 많이 함유되어 있다.

14. 팽이버섯(Winter mushroom)

팽나무버섯을 팽이버섯이라고 부른다. 맛과 향이 뛰어나고 인체의 주요 영양원이 되는 아미노산, 비타민, 효소 등이 풍부하게 함유되어 있으며 항암작용에 탁월한 효과가 있다. 또한 이 팽이버섯에는 두뇌개발에 좋은 성분이 들어 있고 치매환자에게도 좋은 것으로 알려져 있다. 피로회복 및 스트레스 해소에 좋은 비타민 B 성분도 다량 함유되어 있다.

15. 양상추(Head lettuce)

유럽 남부와 서아시아가 원산지이며, 양상추는 주로 샐러드로 많이 이용된다. 내용물로는 수분이 전체의 94~95%를 차지하고, 그 밖에 탄수화물, 조단백질, 조섬유, 비타민 C 등이 들어 있다. 양상추의 쓴맛은 락투세린(Lactucerin)과 락투신(Lactucin)이라는 알칼로이드 때문인데, 이것은 최면·진통 효과가 있어 양상추를 많이 먹으면 졸음이 온다.

16. 양배추(Cabbage)

필수 아미노산인 라이신이 많아 발육기 어린이에게는 매우 훌륭한 식품이다. 칼륨, 마그네슘 같은 미네랄과 불용성 식이섬유가 많은 데 양배추를 끓이면 이러한 유효성분이 우러나 국을 끓여 먹는 것도 좋다. 또한 샐러드나 조리목적에 따라 여러 방법으로 이용된다. 양배추는 칼슘이 많은알칼리성 식품인데 칼슘이 우유 못지않게 잘 흡수된다. 양배추 200g이면 하루에 필요한 비타민 C의 섭취가 가능한 셈이다.

양식조리기능사 실기시험에 나오는 재료

17. 로메인 상추(Romaine lettuce)

영어 명칭은 '로마인의 상추'라는 뜻으로, 로마인들이 대중적으로 즐겨 먹던 상추라 하여 붙여졌다. 미네랄성분이 풍부하여 잇몸을 튼튼하게 하는 효과가 있다. 상추의 한 종류이지만 배추처럼 잎이 직립하여 포기지며 자란다. 포기째로 옆으로 놓고 썰어 샐러드로 이용하고, 잎을 떼어낸 것은 쌈으로 이용한다. 씹는 맛이 아삭아삭하며, 일반 상추와 달리 쓴맛이 적고 감칠맛이 난다.

18. 레몬(Lemon)

이탈리아, 캘리포니아 등에서 많이 재배하는데, 지중해 연안에서 재배하는 것이 가장 품질이 좋다. 비타민 C와 구연산이 많기 때문에 신맛이 강하다. 과즙은 음료, 식초의 원료로 사용하며 과자를 만들 때 향료로도 사용한다. 즙에 설탕을 넣고 조려서 젤리를 만들고 여기에 과육을 섞어서 마멀레이드를 만든다. 열매를 얇게 썰어서 새우튀김요리, 홍차, 칵테일 등에도 쓴다.

19. 완두콩(Green peas)

유럽에서 재배가 많이 되며, 미국의 서부 지역은 완두의 산지로 유명하다. 완두 종류는 크게 붉은 완두와 보통완두라고 하는 종류로 나눌 수 있다. 처음에는 건조시켜 이용했으나, 점차 풋콩을 사용하게 되었다. 완두의 씨알은 탄수화물이 주성분이며 단백질도 많고, 어린 꼬투리에는 비타민도 풍부하다. 팥이나 강낭콩처럼 밥에 넣어 먹거나 떡·과자의 고물로도 이용된다. 성숙하기 전의 푸른 씨알은 통조림 또는 냉동 가공으로, 어린 꼬투리는 채소로, 잎·줄기는 가축의 사료로 이용된다.

20. 양송이(Mushroom)

프랑스에서 14세기경부터 재배되었으며, 처음에는 거의 구형이나 점차 펴져서 편평해진다. 맛과 향이 은은하여 생선과 고기요리, 그밖에 여러 요리에도 잘 어울린다. 통조림으로 가공 수출되거나 생버섯으로도 국내에 시판되고 있다.

21. 오이피클(Cucumber pickle)

피클은 오이 등의 채소와 과일 등을 소금에 절인 뒤 식초, 설탕, 향신료를 섞은 액에 담가 절인 서양식 음식이다. 가장 대표적인 것은 이탈리아식 오이피클로서, 육류나 피자와 함께 먹거나, 샌드위치나 햄버거에 넣어 먹는다. 또한 탈탈 소스 등 소스류에도 다져서 이용한다.

22. 바질(Basil)

꿀풀과의 한해살이풀로 줄기는 높이가 60cm 정도이며, 잎은 달걀 모양이다. 이탈리아 요리를 비롯한 여러 가지 요리의 향기를 돋우고, 올리브오일이나 비니거에 잎을 절여 향기를 배게 하여 이용한다. 특히 토마토의 요리에는 뺄 수 없는 부향제이며, 닭고기, 어패류, 채소와 샐러드, 스파게티, 피자, 스튜, 수프, 소스 등의 요리에 널리 쓰인다.

23. 파미지아노 레기아노(parmigiano-reggiano)

파르미지아노 레지아노는 이탈리아 북부에 위치한 파르마(Parma)와 레지오 에밀리아(Reggio-Emilia)를 중심으로 생산되는 치즈로 경성 치즈(hard cheese)로 세계적으로 유명한 치즈이며, 맛과 향, 영양이 뛰어나다. 영어로는 '파르메산'이라고 한다. 작은 조각으로 잘라 그냥 먹거나 빵, 잼, 과일, 와인 등에 곁들일 수 있고, 치즈를 강판에 갈거나 얇게 켜를 내어 파스타나 리소토, 샐러드, 수프 등에 양념(condiment)처럼 넣으면 감칠맛을 살릴 수 있다.

24. 앤초비(Anchovy)

유럽멸치라 불리는 청어과의 생선이나 작은 정어리 등을 묽은 소금물로 씻어서 소금물에 담궈 두었다가 머리와 내장을 제거하고 소금을 뿌려서 무거운 것으로 누르고 뚜껑을 덮어 수개월 동안 냉암소에 저장하는데 이때 월계수잎이나 후추·정향 등의 향신료를 넣기도 한다. 다 익은 후에 꺼내어 배를 갈라 뼈를 제거하고 둘둘 말아서 병 같은 그릇에 꼭꼭 채우고 올리브유를 부어 공기가 들어가지 않도록 보관한다. 각종 소스나 파스타, 반찬으로 사용된다.

25. 디존 머스터드(dijon mustard)

프랑스 중동부에 위치한 브르고뉴의 디종에서 처음 만들어졌으며 갈색 또는 검은색의 겨자 씨로 만든다. 허브와 백포도주를 섞어 톡 쏘는 맛이 나면서 끝맛이 부드러운 디존 머스터드는 고급드레싱용 프렌치 머스터드이다.

서양 요리의 기초

Western
food
cook
practical
technique

서양요리의 개요

식문화는 하루아침에 이루어진 것이 아니라 인류의 역사를 통하여 형성되어 왔고 시대의 흐름에 따라 변천되었으며, 자연환경이나 거리적 여건, 정치, 경제, 사회, 문화적 배경에 따라 영향을 받고 발전되어 왔다.

서양요리라고 하면 미국요리만을 생각하는 경우가 있으나 미국, 캐나다 등의 북미대륙을 비롯하여 프랑스나 이탈리아, 영국, 독일 등의 유럽에서 전해진 서구의 음식을 총칭하는 말로서 서양요리의 발전사를 이해하기 위해서는 프랑스요리의 발전과정을 살펴 볼 필요가 있다. 1550년 이태리 메데치가의 공주가 프랑스의 국왕 앙리 2세에게 시집오면서 여러 명의 조리사를 거느리고 온 데서부터 프랑스요리가 시작되었다. 이태리 요리사들에 의해 이태리요리가 프랑스에 전파되었으며 프랑스 요리사들은 이들로부터 조리기술을 배웠다. 프랑스요리는 역사와 함께 조리법이 발달되어 오면서 예술미를 바탕으로 발전해 왔다.

우리나라에 서양요리가 보급된 것은 1900년 서울 정동에 있던 손탁호텔에서 러시아인이 서양식당을 개업함으로써 그 시초가 되었는데 일반인에게 알려질 기회는 그다지 많지 않아 서양요리가 대중화되지는 못하였다. 그 후 일본을 통하여 서양요리가 주로 들어오게 되었으며 8·15 광복 이후 오늘날까지 우리 식문화에 서양요리가 큰 비중을 차지하고 있다.

최근 급속한 경제 성장과 세계화에 식문화도 다양하게 국제화가 되어가고 있고 빠른 속도로 발전하고 있다. 우리의 식문화에 맞는 서양요리의 연구개발로 요리가 더욱 다듬어지고 발전되어야 하겠다.

서양요리 기본 썰기 용어

1. 쥬리엔느(Julienne)
채소를 가늘고 길게 써는 것
(0.2×0.2×0.7cm)

2. 다이스(Dice)
채소나 요리재료를 0.6~1cm 정도의 정육면으로 써는 것

3. 콩까세(Concasse)
재료를 0.4~0.5cm의 육면으로 잘게 써는 것

4. 찹(Chop)
재료를 2mm 두께로 잘게 다지는 것

5. 민스(Mince)
재료를 1mm 정도로 곱게 다지는 것

6. 샤토(Chateau)
4~6cm 길이의 오크통(포도주를 숙성시키는 통) 모양으로 길게 다듬는 것

7. 비취(Vichy)
당근 등을 0.4~0.5cm 두께로 둥글게 썰어서 양 가장자리를 도려내어 동전모양으로 다듬는 것

8. 올리베뜨(Olivette)
샤토와 비슷한 형태이나 올리브 모양처럼 양끝을 뾰족하게 다듬는 것

9. 큐브(Cube)
재료를 사방 1.5×1.5×1.5cm 주사위형으로 써는 것

10. 뻬이잔느(Paysanne)
재료를 0.8×0.8×0.1cm의 얇은 정사각형으로 써는 것

11. 바또네(Batonnet)
쥬리엔느보다 큰 막대 모양으로 써는 것
(0.4×0.4×4cm)

12. 브리누아(Brunoise)
재료를 0.3×0.3×0.3cm의 주사위형으로 써는 것

13. 파리지엔(Parisienne)
둥글고 작은 구슬같이 써는 것인데 스쿠프(Scoop)를 이용하여 가니쉬로 사용할 때 이용한다.

14. 터너(Tourner)
돌리면서 모양을 낸 것

15. 쉬포나드(Chiffonade)
실처럼 가늘게 썬 것

서양요리의 기본 조리방법

1. 삶기(Boiling)
100℃의 액체에 넣고 가열하는 조리법으로 식품을 끓이거나 끓는 물에 삶는 방법이다.

2. 데치기(Blanching)
다량의 끓는 물 또는 기름에 짧게 데쳐내는 방법으로 조직을 연하게 하고 효소작용을 억제시킨다.

3. 찌기(Steaming)
채소, 육류, 가금류를 고압의 스팀에서 찌는 방법으로 식품 고유의 맛과 모양을 유지시킬 수 있다.

4. 굽기(Broiling, Grilling)
Broiling은 굵은 석쇠를 사용하여 직접 불에 굽는 방법이고 Grilling은 간접적으로 가열된 철판 위에서 굽는 방법이다.

5. 로스팅(Roasting)
육류 또는 가금류를 통째로 또는 덩어리째 오븐에 넣어 직열로 익히는 방법이다.

6. 브레이징(Brasing)
건열조리와 습열조리가 혼합된 방법으로 연한 육류나 가금류를 고기 자체의 수분 또는 아주 적은 양의 수분을 첨가한 후 뚜껑을 덮어 오븐 속에서 은근히 익히는 방법이다.

7. 스튜(Stewing)
고기나 채소 등을 큼직하게 썰어 기름에 볶은 다음 육수를 넣어 충분히 끓여 걸쭉하게 끓이는 방법이다.

8. 포칭(Poaching)
달걀이나 생선요리에 많이 사용되며 끓는 점 이하의 온도(70℃~80℃)에서 물, 혹은 액체를 끼얹어 가면서 익히거나 완전히 잠긴 채로 익혀내는 방법이다.

Western food cook practical technique

9. 순간 볶음(Sauteing)
팬에 소량의 기름을 넣고 살짝 볶아내는 조리법으로 팬 프라잉(pan frying)이라고도 한다.

10. 튀기기(Frying)
음식을 기름에 튀기는 방법으로 튀김의 방법으로는 pan frying이나 deep-fat frying 방법을 쓴다. 식품을 고온의 기름 속에서 단시간 처리하므로 영양소나 열량이 증가되며 기름의 풍미가 더해진다.

11. 휘핑(Whipping)
거품기를 사용하여 한 쪽 방향으로 빠른 속도로 거품을 내어 공기를 함유하게 하는 것으로 생크림, 달걀흰자 등을 이용하여 거품을 낸다.

12. 조림(Glazing)
설탕이나 버터, 액체 등을 조려서 음식에 입혀 윤기를 내주는(코팅시키는) 조리법이다.

13. 갈기(Blending)
채소나 과일 또는 소스를 만들 때 믹서기를 이용하여 갈아주는 방법이다.

14. 베이킹(Baking)
고온 건조한 공기의 대류현상을 이용한 오븐 구이 조리법이다.

15. 심머링(Simmering)
비등점 이하에서 장시간 끓이는 조리법으로 식재료의 영양분을 용출시키는 데 가장 효과적인 방법이다. 소스나 스톡을 만들 때 사용한다.

서양요리의 테이블 세팅 및 식사순서

❶ 식사예절

🍴 자리에 앉는 법
레스토랑에서는 웨이터가 의자를 뒤로 끌어주면 의자의 왼쪽에서 오른쪽으로 들어가 앉고 식탁과 몸 사이는 주먹 하나가 들어갈 정도로 띄운다.

🍴 냅킨 사용법
자리에 앉아서 첫 요리가 나오기에 앞서 주빈이 냅킨을 들어 깔기 시작하거나 식사자리에 모두 사람이 모이고 난 후 음식이 나올 때쯤 냅킨을 집어다 펴거나, 턱받이처럼 받치지 말고 두 번 접어진 데까지 펴서 접힌 부분이 몸쪽으로 오게 무릎 위에 얹는 것이 좋다. 식사 중에 입에 음식이 묻은 것을 살짝 닦거나 핑거 볼에 씻은 손가락 등을 닦는 데 사용한다. 식사 도중에 자리를 잠시 비울 때는 자연스럽게 접어서 의자 위에 놓으며 식사가 끝나고 나면 가볍게 접어서 테이블 왼쪽에 놓아두면 된다.

🍴 포크와 나이프 사용법
요리용 포크와 나이프는 바깥쪽에서부터 집어서 사용하며 왼손에는 포크를, 오른손에는 나이프를 잡고 사용한다. 식사 도중에 포크와 나이프를 접시에 내려놓을 때는 여덟팔자(八)로 접시 위에 걸쳐 놓고 식사가 끝나면 접시 오른쪽에 나이프의 칼날이 안쪽을 향하게 하여 포크와 함께 가지런히 접시 위에 놓는다.

🍴 기타 식탁예법
- 의자에 앉을 때는 의자가 밀려서 흔들리지 않도록 조용히 앉는다.
- 테이블과 몸 간격은 15~20cm 정도가 적당하며 식사를 하는 중에 의자를 끌어당기지 않는다.
- 다른 손님의 식사테이블을 손으로 가리키며 주문하는 것은 실례가 된다.
- 식사 중 포크와 나이프를 들고 식사테이블에 팔꿈치를 올려놓거나 팔을 세우는 행동은 삼간다.
- 식사 중 포크와 나이프가 떨어져도 본인이 직접 줍지 않고 웨이터가 처리하도록 하는 것이 예의이다.
- 식사테이블 위에 양념그릇이 멀리 떨어져 있을 경우 손을 뻗어 가져오는 것보다는 가까운 손님에게 정중하게 부탁하든지 웨이터의 도움을 받는 것이 좋다.
- 전채요리는 포크나 스푼을 사용하며, 너무 많이 먹지 않는다.

Western food cook practical technique

- 수프는 왼손으로 접시 가장자리를 가볍게 받쳐들고 스푼을 자기 앞에서 바깥쪽으로 향해서 뜬다.
- 빵은 포크와 나이프를 사용하지 않고 손으로 뜯어 버터나 잼을 발라 먹는다.
- 생선요리에는 백포도주, 육류요리에는 적포도주가 나오며 식사 도중에 주류는 조금씩 마시도록 한다.

❷ 테이블 세팅(Table setting)

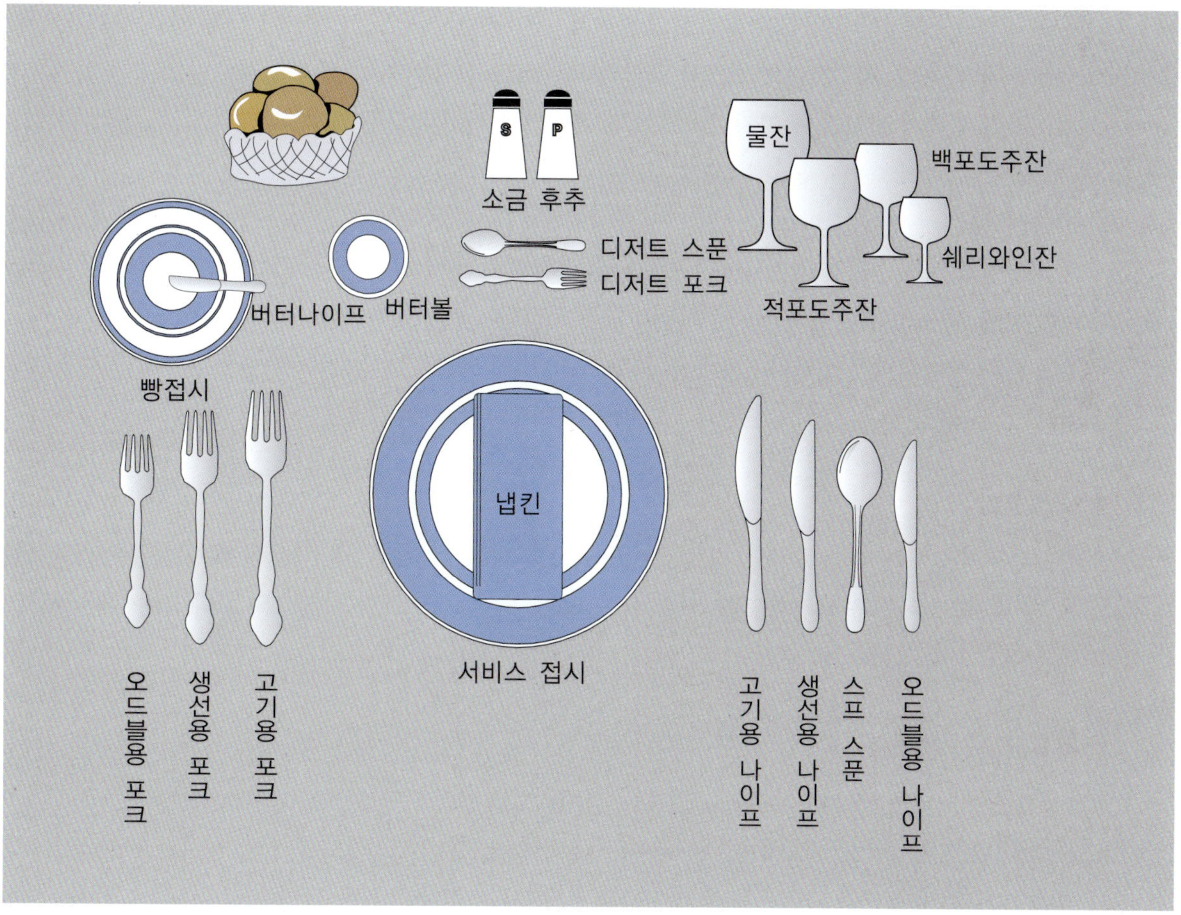

서양요리의 기초 | 29

서양요리의 테이블 세팅 및 식사순서

③ 식사순서

🍴 식사 전의 술
식사 전에 식욕을 돋우기 위한 술이다. 주로 쉐리와인(Sherry wine)과 드라이 버무스(Dry vermouth)를 사용한다.

🍴 오드블(전채요리)
오드블은 식욕을 증진시키기 위한 요리로서 카나페, 훈제연어, 거위간, 캐비어 등을 기본으로, 약간 자극적인 것이 좋다. 제일 바깥부분의 오드블 포크와 나이프로 식사를 하며 식사가 끝나면 포크가 앞쪽에 나이프가 뒤로 가게 해서 접시 위에 가지런히 놓으면 웨이터가 접시채 모두 가져간다.

🍴 수프와 빵
- 수프를 먹을 때는 스푼을 자기앞에서 바깥쪽으로 향해서 뜨며 소리가 나지 않도록 먹는다. 다 먹으면 스푼은 접시 안에 둔다.
- 빵은 미리 빵바구니에 제공되는 경우도 있고 수프 뒤에 제공되는 경우도 있는데 빵은 주요리를 먹을 때 같이 먹게 된다. 빵은 손으로 한입크기로 떼어서 버터나 잼을 발라먹는다.

🍴 생선요리
생선요리를 먹을 때는 바깥쪽에서부터 다음번의 포크와 나이프를 잡는다. 생선이 뼈째 나왔을 때는 생선의 한쪽면을 다 먹고 생선을 뒤집지 말고 뼈를 발라 접시 옆에 놓고 그 다음 먹도록 한다. 여기에는 백포도주가 제공된다.

🍴 육류요리와 샐러드
정찬에서 중심이 되는 요리로 주로 소고기를 사용한 스테이크가 제공된다. 스테이크는 굽는 정도에 따라 Rare(레어)부터 Medium Rare(미디엄레어), Medium(미디엄) 그리고 완전히 익히는 Welldone(웰던)이 있다. 다음번의 포크와 나이프를 들고 자르면서 먹는다. 이때는 붉은 포도주가 나온다. 고기는 미리 썰어 놓으면 육즙이 빠져 맛이 없으므로 한입 크기로 썰어가며 먹는다.

Western food cook practical technique

육류요리는 주로 채소와 함께 섭취해야 영양적으로 유익하고 소화도 쉽게 된다. 샐러드는 드레싱을 얹어서 포크를 사용하여 육류요리를 먹는 동안 간간이 먹는다.

디저트

식사의 마지막을 장식하는 요리로 단맛과 풍미가 있는 케이크, 아이스크림, 파이, 푸딩 등이 있고 과일은 디저트 뒤에 나온다. 과일을 먹고 난 후 손끝을 가볍게 씻기 위한 물그릇이 나오는데 이것을 핑거볼이라 하며 손가락을 씻을 때는 두 손을 사용했다 해도 한꺼번에 씻지 말고 한쪽씩 가볍게 씻고 냅킨으로 닦는다.

음료

정찬의 마지막 코스에 나오는 것으로 커피, 홍차, 녹차 등이 있다.

식품의 계량 및 온도 계산법

각종 식품 및 조미료의 계량법을 올바르게 알고 적절하게 사용함이 조리사의 기본 태도라고 할 수 있다. 식품의 계량방법 중 고체로 된 것은 중량으로 하고 분상이나 액상으로 된 것은 부피를 측정하는 것이 올바른 계량측정이라 할 수 있고, 중량을 측정할 때는 흔히 자동저울을 사용하며 부피는 계량컵과 계량스푼을 사용하여 측정한다. 따라서 각종 식품 및 조미료 계량법을 올바르게 알아야 한다.

계량도구

일반적으로 사용하는 계량도구는 저울, 계량컵, 계량스푼 등이 있다.

- 자동저울 : 중량을 측정하며, g, kg으로 나타낸다.
- 계량컵 : 부피를 측정하며, 200ml가 기본 단위이다.
- 계량스푼 : 양념류의 부피를 측정하며, Ts(Table Spoon), ts(tea spoon)로 표시한다.
- 온도계 : 음식의 온도 또는 기름의 온도를 측정할 때 사용한다.

올바른 계량방법

재료를 정확하게 측정하기 위해서는 정확한 계량기를 사용하는 것이 중요하다. 가장 대표적인 계량기구로는 저울, 계량컵, 계량스푼이 있다. 저울을 사용할 때는 바늘은 '0'에 고정시켜서 눈금을 정면에서 읽는다. 밀가루, 백설탕 등의 가루로 된 재료는 덩어리졌을 경우 잘게 부수어 체에 친 다음 계량기의 윗면이 수평이 되도록 깎아서 잰다. 가루는 절대로 흔들거나 꼭꼭 눌러 담지 않도록 한다. 쌀, 콩 등의 곡류는 컵에 가득 담아 살짝 흔든 후 윗면이 수평이 되도록 깎아서 재며 흑설탕이나 버터, 마가린, 된장, 고추장 등의 수분 함량이 많은 식품은 계량기구에 눌러 담아 빈 공간이 없도록 채워서 깎아잰다.

계량단위

1Cup = 200ml(200cc) = 13 1/3 Table Spoon(한국)

1Cup = 240ml(240cc) = 16 Table Spoon(미국)

1Table Spoon = 1Ts = 15cc

1tea spoon = 1ts = 5cc

1Table Spoon = 3tea spoon

Western food cook practical technique

1 큰술과 1 작은술의 양

비교항목	1큰술의 양	1작은술의 양
물	15g	5g
식초	15g	5g
밀가루	8g	3g
기름·버터	13g	4g
소금	12g	3.5g
설탕	11.5g	3.5g

섭씨와 화씨온도의 관계

- 섭씨를 화씨로 고치는 공식

  ℃ = 5/9 ℉-32

- 화씨를 섭씨로 고치는 공식

  ℉ = 9/5 ℃+32

기본 재료 다루기

🍳 칼 잡는 방법

칼을 사용할 때는 재료의 힘에 의해서 칼이 비뚤어지거나 흔들리거나 예기치 않은 방향으로 나가는 것을 방지하기 위하여 칼을 엄지와 검지손가락으로 칼날과 손잡이 부분이 미끄러지지 않도록 단단하게 잡아준 후 칼날이 앞을 향하도록 잡는다.

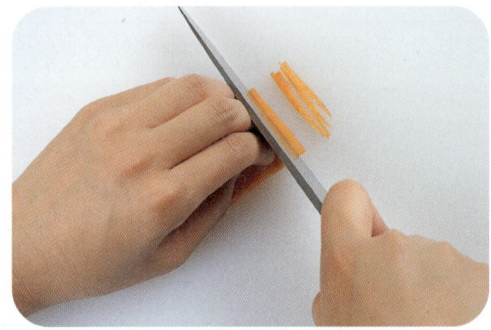

채썰기

① 기본 썰기를 할 때는 왼손 손가락을 구부려(위에서 내려다보았을 때 손톱이 보이지 않도록) 칼이 수직으로 내려갈 수 있도록 한 후 내려 썰기를 한다.

다지기

② 양파 다지기나 파슬리 다지기 등의 다지는 작업을 할 때의 손과 칼의 자세는 왼손은 칼이 들뜨고 움직이는 것을 막기 위해 칼 앞쪽 칼등을 지긋이 누르고 칼 뒤쪽에 힘을 주어 다진다.

Western food cook practical technique

🍳 부케가르니 만들기

부케가르니는 향신료를 다발로 묶어 조리 시 첨가함으로써 요리에 향미를 주기 위해 사용한다. 셀러리가 지급되면 셀러리 한 쪽(움푹 들어간 면)에 통후추를 박고 월계수잎에 정향을 꽂아 셀러리에 고정시키고 다른 셀러리로 맞덮어 실로 풀리지 않도록 단단히 묶어 사용한다. 그러나 시험장에서 셀러리가 지급되지 않을 경우 파슬리의 잎을 떼고 파슬리 줄기의 넓은 면을 이용하여 통후추를 박고 월계수잎과 정향을 고정시키고 다시 파슬리 줄기로 맞덮어 실로 묶어 사용한다. 만들어 놓은 부케가르니는 수프나 소스 등에 넣었다가 음식이 완성되면 꺼내어 준다. 묶어놓은 모양이 꽃다발(부케; Bouquet)과 비슷하여 붙여진 이름으로 향신료 다발을 뜻한다.

① 시험장에서 지급되는 부케가르니 재료는 다음과 같다. 셀러리 줄기(파슬리 줄기), 월계수잎, 정향, 통후추, 면실이며 간단하게 월계수잎과 정향만 지급(이때는 월계수잎에 정향을 꽂아 사용한다)될 수도 있다.

부케가르니 재료

② 셀러리를 3~4cm 길이로 2개 준비하여 셀러리 홈에 통후추를 박고 그 위에 월계수잎을 두고 정향으로 월계수잎을 고정시킨 후 다른 셀러리 홈으로 맞덮는다.

셀러리에 고정시키기

③ 면실로 내용물이 흐트러지지 않도록 잘 감은 후 묶어서 마무리하고 묶은 실이 길면 짧게 잘라 준비한다.

면실로 묶기

기본 재료 다루기

🧑‍🍳 토마토 손질법

토마토를 소스나 수프에 사용할 때는 색이 선명하며 살집이 깊고 쓴맛과 신맛이 없고 당도가 높은 것을 골라 껍질과 씨를 제거한 다음 사용한다.

토마토에 십자형으로 칼집 넣기

① 토마토 꼭지를 작은 칼로 도려낸 후 토마토 끝부분에 칼집을 십자형으로 넣는다.

끓는 물에 토마토 데치기

② 끓는 물에 토마토를 넣어 껍질이 터질 때까지 약 30초 정도 데친 후 얼음물에 담근다.

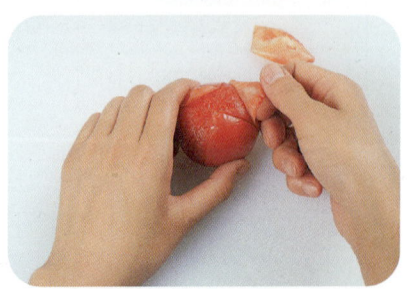

토마토 껍질 벗기기

③ 작은 칼이나 손으로 껍질을 벗긴다.

Western food cook practical technique

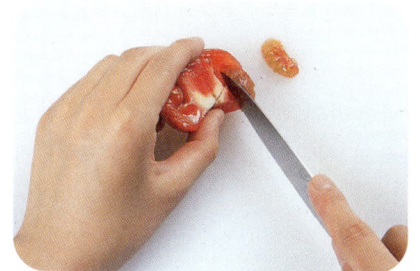

토마토 씨 빼기

④ 껍질 벗긴 토마토를 절반으로 자른 후 잘린 면이 도마에 닿도록 두고 위에서 손바닥으로 눌러 토마토씨가 빠져나오게 하여 제거하거나 칼로 긁어내어 씨를 모두 제거한 후 사용한다.

시험장에서 토마토가 1/6개 정도 지급되었을 때의 처리법

토마토가 소량 지급되었을 때는 데치지 않고 그대로 껍질을 벗기고 씨를 제거한 후 사용한다.

토마토 껍질 벗기기

① 토마토가 소량 지급되었을 때는 끓는 물에 토마토를 데치지 않고 토마토 끝부분에 칼을 넣어 꼭지부분까지 얇게 껍질을 벗겨낸다.

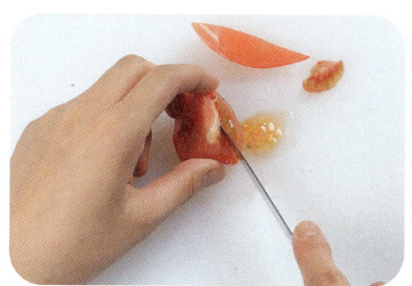

토마토 씨 빼기

② 껍질 벗긴 토마토의 씨를 깨끗이 빼내고 사용한다.

기본 재료 다루기 | 37

기본 재료 다루기

🧑‍🍳 파슬리 가루 만들기

파슬리 가루는 샐러드나 소스, 수프 등에 가니쉬로 사용이 되는데 파슬리의 강한 향을 은은하게 하고 깨끗한 요리에 올렸을 때 음식에 파슬리 물이 들지 않게 하기 위해 다음과 같은 방법으로 보슬보슬한 가루를 준비한다.

파슬리 잎만 떼기

① 파슬리는 물에 씻어 흙을 털어내고 물기를 제거한 후 잎만 떼어내어 준비한다.
다져놓게 되면 떼어낸 잎보다 양이 줄어들므로 감안하여 준비한다.

파슬리 잎 다지기

② 떼어낸 잎은 먼저 잘게 썬 후 모아서 다시 곱게 다진다.
파슬리 가루입자가 거칠지 않도록 곱게 다져 준비한다.

거즈에 싼 후 물에 헹구기

③ 파슬리의 쓴맛과 강한 향을 제거하고 푸른물이 빠지도록 다진 파슬리를 칼로 모아서 거즈로 옮긴 후 물에서 조물조물 주물러 푸른 물이 빠지도록 꼭 짠다.

완성된 파슬리 가루

④ 보슬보슬하게 준비된 파슬리 가루는 밑에 종이타월을 깔고 옮겨서 사용하며 완성된 요리에 뿌릴 때는 마른 손으로 가루를 잡아서 뿌린다.

Western food cook practical technique

루(Roux) 만들기

버터와 밀가루를 동량으로 하여 약한 불에서 나무주걱으로 볶아 색을 내는 정도에 따라서 화이트루(White roux), 브론드 루(Blond roux), 브라운 루(Brown roux) 3가지로 나뉘며 수프나 소스 같은 음식에 걸쭉하게 농도를 내는 데 사용된다.

녹인 버터에 밀가루 넣기

① 냄비에 약하게 불을 켜고 버터(15g)를 넣고 타지 않도록 서서히 버터를 녹인 후 동량의 밀가루(15g)를 넣어 사용용도에 맞는 루(Roux)를 만든다.

화이트 루(White roux)

② 녹인 버터에 밀가루를 넣고 은근하게 열을 가하여 나무주걱으로 볶는데 색이 나지 않게 흰색(White) 루를 만든다.

브론드 루(Blond roux)

③ 녹인 버터에 밀가루를 넣고 은근하게 열을 가하여 나무주걱으로 볶는데 화이트 루보다 조금 더 볶아 금발색(Blond) 루를 만든다.

브라운 루(Brown roux)

④ 녹인 버터에 밀가루를 넣고 은근하게 열을 가하여 나무주걱으로 볶는데 브론드 루 상태를 지나 더 볶아서 갈색(Brown)이 날 때까지 볶는다.

기본 재료 다루기

🧑‍🍳 당근 비취(Vichy) 모양으로 다듬기

당근을 0.5cm 두께로 둥글게 썰어서 가장자리를 도려내고 버터, 설탕, 소금을 넣고 윤기나게 조린 것으로, 양식조리기능사 실기문제에서는 살리스버리 스테이크와 서로인 스테이크 2가지 메뉴에서 더운 채소로 사용한다.

당근 0.5cm 두께로 썰기

① 당근은 0.4~0.5cm 두께로 동그랗게 썰어준다. 이때 두께가 너무 두껍거나 얇지 않도록 준비한다.

동그랗게 다듬기

② 두께를 맞추어 썰은 당근은 면이 고르도록 껍질을 벗기면서 다듬는다. 이때 당근의 지름이 너무 긴 것(크기가 큰 것)은 당근을 살짝 오려내어 지름을 조절한다.

비취 모양내기

③ 앞, 뒤 가장자리를 엇비슷하게 도려내어 비취(Vichy) 모양으로 만든다. 한쪽으로 치우치지 않도록 균형있게 모양을 낸다.

Western food cook practical technique

👨‍🍳 크루톤(Crouton) 만들기

크루톤은 식빵을 주사위 모양으로 썰어 튀기거나 구운 것으로 수프나 샐러드 그리고 다른 음식에 장식할 때 이용된다. 양식조리기능사 실기문제에서는 감자크림수프 위에 띄워낸다.

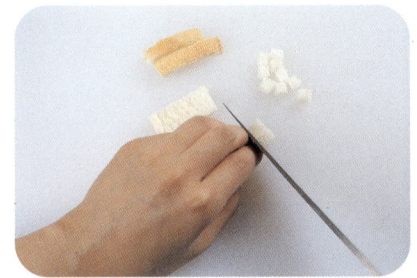

0.8~1cm로 식빵썰기

① 식빵은 사방 0.8cm X 0.8cm 크기로 썬다.

크루톤 튀기기

② 시험장에서는 기름이 적게 나오므로 팬을 기울려서 노릇하게 튀기는 데 식빵의 색이 나기 시작하면 금방 타버리므로 미리 크루톤을 옮길 곳에 종이타월을 깔아 준비하고 색이 고루 나게 젓가락으로 잘 저어가며 튀긴다.

황금색으로 튀겨낸 크루톤

③ 튀겨낸 크루톤은 종이타월로 옮겨서 기름을 빼고 바삭하게 준비한 후 수프에 미리 띄우면 크루톤이 붇게 되므로 작품 제출 직전에 수프 위에 띄워낸다.

기본 재료 다루기

🧑‍🍳 쉬림프 카나페용 식빵 모양내기

쉬림프 카나페용 식빵은 실기시험장에서 1장이 지급이 되며 식빵 1장으로 직경 4cm의 원형으로 4쪽의 식빵을 준비해야 한다. 식빵을 떠내는 원형틀을 이용하여 식빵을 떠낼 수도 있으며 준비가 되지 않았을 경우는 칼을 이용하여 식빵을 원형으로 다듬어 사용한다.

원형틀로 식빵뜨기

① 원형틀을 이용하여 식빵 1장에서 4개의 빵을 떠내서 사용한다.
  이때 식빵의 네귀퉁이는 잘라내지 않고 똑같은 크기로 빵이 나올 수 있도록 공간 안배를 잘하여 떠낸다.

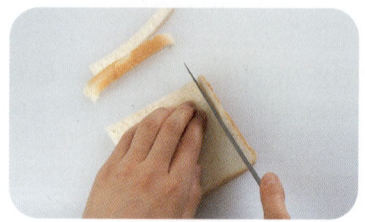

식빵 가장자리 잘라내기

② 원형틀이 준비되지 않았을 경우에는 식빵의 가장자리 네귀퉁이를 잘라내고 가운데 살만 준비한다.

식빵 4등분하기

③ 가운데 살만 준비된 빵을 손자국이 나지 않고 한쪽으로 치우치지 않도록 4등분한다.

원형으로 다듬기

④ 식빵 4쪽이 준비되면 1쪽씩 식빵의 가장자리가 눌려지지 않도록 식빵을 돌려가며 칼로 정리한다.

Western food cook practical technique

🧑‍🍳 새우튀김용 새우 손질하기

양식조리기능사 실기시험에 새우가 들어가는 품목이 2가지가 있는데 쉬림프 카나페와 프렌치 프라이드 쉬림프이다. 쉬림프 카나페의 새우는 내장만 제거한 채 삶아서 껍질을 벗겨서 사용하고 프렌치 프라이드 쉬림프에 사용하는 새우는 다음과 같이 손질하여 사용해야 새우를 튀겨놓았을 때 구부러지지 않게 튀길 수 있다.

새우 내장 제거하기

① 새우는 머리에서 2~3번째 등마디에서 꼬치를 이용해 내장을 제거한다.

새우 머리와 껍질 벗기기

② 내장이 제거된 새우는 머리를 떼어내고 꼬리쪽의 껍질 한마디만 남기고 껍질을 벗긴다.

새우 물총 제거하기

③ 머리와 껍질을 제거한 새우는 꼬리에 달린 물총을 제거하여 튀길 때 기름이 튀는 것을 방지한다.

새우 배쪽에 칼집넣기

④ 손질된 새우의 배쪽에 3~4회 칼집을 어슷하게 넣고 펴주어서 튀길 때 새우가 구부러지지 않도록 한다.

기본 재료 다루기

🍴 바베큐 폭찹용 돼지고기 손질하기

바베큐 폭찹용 돼지갈비는 포를 떳을 때 뼈가 분리되지 않고 살과 붙은 채로 사용하고 고기의 두께는 1cm 정도가 되도록 포를 떠서 요리를 해 놓았을 때 완성품이 뒤틀리거나 질기지 않게 하기 위해 칼집을 충분히 넣어 사용한다.

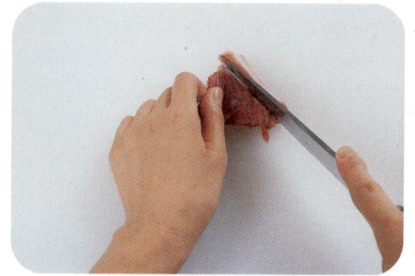

돼지갈비 뼈에 붙여 칼집 넣기

① **돼지갈비 손질하기**
칼을 뼈쪽에 붙여서 사진처럼 뼈를 세워서 칼을 넣을 수도 있고 뼈를 도마에 닿게 두고 포를 뜰 수도 있다. 이때 뼈와 살이 분리되지 않도록 주의한다.

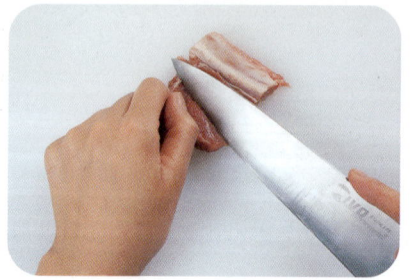

돼지갈비 살 포뜨기

② 살은 3~4회 정도 앞뒤를 바꾸어 뒤집어 가면서 포를 떠준다. 살이 많지 않을 때는 2회 정도 포를 떠서 준비할 수도 있다. 이때 고기의 두께는 1cm가 되도록 포를 뜬다.

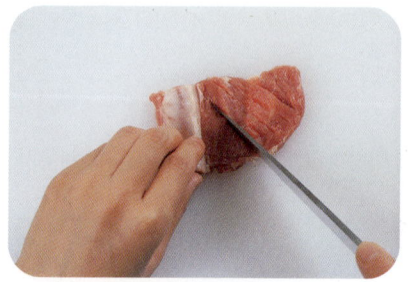

포뜬 살에 칼집 넣기

③ 포뜬 살은 요리 시 오그라들거나 뒤틀리는 것을 방지하고 부드럽게 먹기 위해 좌우로 다이아몬드 모양이 나도록 칼집을 넣어 사용한다.

Western food cook practical technique

🧑‍🍳 치킨 커틀렛용 닭 포뜨기

치킨 커틀렛용 닭은 닭다리(허벅지살 포함) 1개가 지급되며 포뜬 살을 껍질채 잘 정리하여 튀겨 놓았을 때 두께가 1cm가 되도록 준비해야 한다.

닭다리 부분 포뜨기

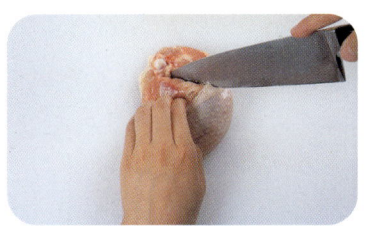

닭다리 안쪽에 칼집 넣기

① 닭다리 안쪽에 있는 뼈 중심에 칼이 닿도록 칼집을 끝까지 넣는다.
이때 왼손으로는 닭다리살을 잘 고정시켜 준다.

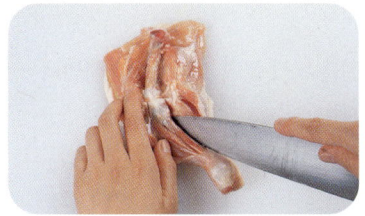

닭다리 살 포뜨기

② 중심부에 칼집이 들어간 후 뼈 양옆으로 칼을 살살 넣어 가며 살을 펴 준다.

뼈와 살 분리하기

③ 뼈가 완전히 드러난 살은 첫 번째 뼈 밑으로 칼을 넣어 뼈와 살을 분리시키고 뼈에 묻은 살을 칼로 살살 긁어낸 후 뼈를 떼어낸다.

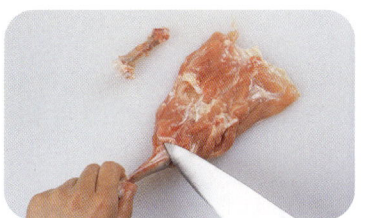

닭 발목부분에서 뼈 분리하기

④ 두 번째 뼈도 뼈 밑에 칼을 넣어 뼈를 분리한 후 뼈에 묻은 살을 칼로 살살 긁어 주고 닭 발목부분에서 살과 뼈를 분리한다.
준비된 살은 힘줄을 제거하고 두께 조절을 위해 포를 뜬 후 충분히 칼집을 넣어 준비한다. 가슴살에 비해 다리살은 튀겨 놓았을 때 두껍고 면이 고르지 못하므로 충분히 손질을 하여 준다.

기본 재료 다루기 | 45

기본 재료 다루기

닭가슴살 포뜨기

닭 1/2마리를 반으로 자르기

① 포뜨기를 연습하기 위해 닭 한 마리를 반으로 나눈 뒤 사진처럼 다시 1/2마리의 닭을 반으로 자른다.

닭 날개 2쪽 떼어내기

② 먼저 닭 날개 2쪽을 떼어낸다.

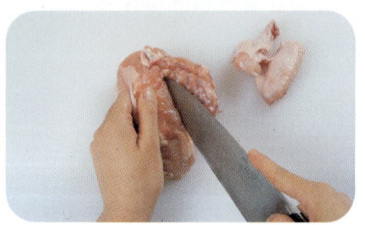

닭 가슴 포뜨기

③ 칼의 앞쪽을 이용하여 가슴살 쪽의 뼈에 칼을 바짝 붙여 칼집을 넣어가면서 살을 발라내듯이 포를 뜬다.

뼈에서 분리한 살 포뜨기

④ 뼈와 살이 분리되면 살이 0.8cm 정도의 두께가 되도록 포를 뜬다.

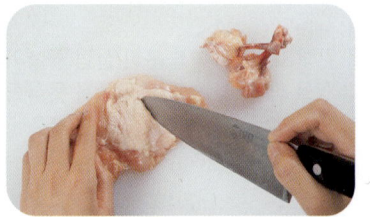

칼집 넣기

⑤ 포가 정리된 살을 껍질쪽엔 칼을 살짝 들어 칼집을 충분히 넣어주고 뒤집어 살 쪽은 다리살에 비해 가슴살은 연하므로 칼등으로 두드려서 튀겨놓았을 때 휘지 않도록 준비한다.

🧑‍🍳 해산물 샐러드용 관자 손질하기

관자내장 제거

① 관자에 너덜너덜하게 붙어 있는 내장은 칼로 잘라낸다. 내장을 제거한 관자 주위의 너덜너덜한 살은 사용하지만 본 샐러드에서는 몸체 부분만 사용한다(냉동제품의 경우 내장을 제거한 것이 지급된다).

관자힘줄 제거

② 관자의 몸 파인 곳에 하얗게 자리 잡고 있는 힘줄을 칼로 도려낸다. 이 부분이 질기므로 관자가 갈라지지 않도록 제거한다.

뼈와 살 분리하기

③ 손으로 또는 마른 거즈로 관자의 측면을 싸고 있는 얇은 흰 막을 벗겨낸다.

관자 슬라이스 하기

④ 흰 막을 벗겨낸 관자는 연한 소금물에 씻은 후 물기를 제거하고 모양 그대로 살려서 0.2~0.3cm 두께로 썬다. 그 후 쿠르부용에 살짝 삶아 꺼내어 바로 식힌다.

기본 재료 다루기

🍴 해산물 샐러드용 피홍합 손질하기

피홍합 해감시키기

① 피홍합은 소금을 넣은 물에 문질러 씻은 후 연한 소금물에 담가 해감시킨다(해감시키기 전에 소금물에 여러번 씻기).

피홍합 수염 제거

② 해감시킨 홍합의 검은 수염은 밑으로 잡아당겨 제거한다. 이때 사진과 반대로 잡아당기면 홍합살이 손상되므로 주의한다. 재료지급 시 피홍합이 아닌 생홍합살이 나올 경우 소금물에 흔들어 씻어 검은 수염과 내장을 조리용 가위를 이용하여 제거한다.

쿠르부용에 데치기

③ 쿠르부용에 데쳐 입이 벌어지면 건져낸다.

껍질에서 홍합살 떼기

④ 껍질을 제거하고 홍합살만 떼어낸다. 시험에서 3개 지급 시 크기가 작은 것 1개는 한쪽 껍질에 홍합살이 붙어 있는 채로 모양을 내어 사용한다.

Western food cook practical technique

🧑‍🍳 해산물 샐러드용 새우 손질하기

새우 내장 제거

① 새우 등이 둥그렇게 되도록 살짝 구부려 머리에서 2~3번째 등마디에서 꼬치를 이용해 실같은 검은 내장을 제거한다.

새우 꼬리 긁어내기

② 새우 꼬리 끝에 검은 색 물이 고여 있는 것은 말끔하게 긁어낸다.
(데쳐 놓았을 때 투명하고 깨끗하다)

쿠르부용에 데치기

③ 쿠르부용에 삶아 익힌 후 건져 바로 찬물에 식혀 건진다.

새우 껍질 벗기기

④ 껍질은 한마디씩 벗겨 주는데 꼬리 앞의 한마디는 남겨둔다.
(머리는 1개 정도 살려서 장식에 사용한다)

기본 재료 다루기

👨‍🍳 참치 타르타르 퀜넬모양잡기

양념된 참치스푼으로 뜨기

① 양념을 한 참치를 스푼으로 한 수저 가득 뜬다.

다른 스푼으로 퀜넬모양잡기

② 반대스푼으로 모양을 다듬는다. 모양을 잡으면서 스푼을 밑으로 내리듯이 빼내면서 다른 스푼으로 참치를 뜬다.

다시 한 번 다른 스푼으로 모양잡기

③ 반대스푼으로 똑같이 모양을 다듬어 준다(여러 번 반복해서 럭비공 퀜넬 모양의 모양이 나오도록 잡는다).

접시에 담기

④ 모양이 잡히면 접시로 옮겨 참치를 떠낸 스푼을 접시 바닥 가까이에 대고 다른 스푼을 위에서 모양이 유지되도록 접시로 밀어 담는다.

Western food cook practical technique

👨‍🍳 참치 타르타르에 사용할 샐러드 부케 만들기

모듬 채소 만들기

① 롤라로사, 차이브, 그린치커리, 홍피망과 고정시킬 오이를 준비하여 롤라로사에 채소를 자연스럽게 얹어 모양을 낸다(묶을 끈으로 사용할 차이브 2~3줄기는 남긴다).

데친 차이브(실파) 묶기

② 살짝 데친 차이브로 모양 잡은 채소 밑둥을 돌돌 말아 묶어 고정시킨다.

고정시킬 오이 속 파내기

③ 오이의 높이는 2~2.5cm로 준비하여 샐러드 부케를 고정시킬 수 있도록 속을 파낸다.

오이에 샐러드 부케 꽂기

④ 속을 파낸 오이의 홈에 샐러드 부케를 꽂아 고정시킨다.

완성된 샐러드 부케

⑤ 오이를 세워서 샐러드 부케를 완성한다.

기본 재료 다루기

🧑‍🍳 사세 데피스 만들기(브라운스톡에 사용)

사세 데피스 재료

① 사세 데피스는 향주머니로 각종 허브나 향신료를 면실로 묶어 사용하거나 작은 소창에 놓고 면실로 묶어서 또는 다시백에 넣어 만든 후 수프나 소스, 스톡에 사용한다.

다시백에 향신료 넣기

② 다시백에 파슬리, 월계수잎, 정향, 통후추, 다임을 넣어 준다.

면실로 묶기

③ 다시백에 넣은 향신료가 빠져나오지 않도록 면실로 묶어 준비한다.

완성된 사세 데피스

④ 완성된 사세 데피스는 브라운 스톡을 끓일 때 넣어준다.

양식조리기능사 실기

Western food cook practical technique

수험자 유의사항 공통

1) 만드는 순서에 유의하며, 위생과 숙련된 기능평가를 위하여 조리작업 시 맛을 보지 않습니다.
2) 지정된 수험자지참준비물 이외의 조리기구나 재료를 시험장 내에 지참할 수 없습니다.
3) 지급재료는 시험 전 확인하여 이상이 있을 경우 시험위원으로부터 조치를 받고 시험 중에는 재료의 교환 및 추가지급은 하지 않습니다.
4) 요구사항의 규격은 "정도"의 의미를 포함하며, 지급된 재료의 크기에 따라 가감하여 채점합니다.
5) 위생복, 위생모, 앞치마를 착용하여야 하며, 시험장비·조리도구 취급 등 안전에 유의합니다.
6) 다음 사항은 실격에 해당하여 **채점 대상에서 제외**됩니다.
   가) 수험자 본인이 시험 도중 시험에 대한 포기 의사를 표현하는 경우
   나) 위생복, 위생모, 앞치마, 마스크를 착용하지 않은 경우
   다) 시험시간 내에 과제 두 가지를 제출하지 못한 경우
   라) 문제의 요구사항대로 과제의 수량이 만들어지지 않은 경우
   마) 완성품을 요구사항의 과제(요리)가 아닌 다른 요리(예, 달걀말이 → 달걀찜)로 만든 경우
   바) 불을 사용하여 만든 조리작품이 작품특성에 벗어나는 정도로 타거나 익지 않은 경우
   사) 해당과제의 지급재료 이외 재료를 사용하거나, 요구사항의 조리기구(석쇠 등)로 완성품을 조리하지 않은 경우
   아) 지정된 수험자지참준비물 이외의 조리기술에 영향을 줄 수 있는 기구를 사용한 경우
   자) 가스레인지 화구 2개 이상(2개 포함) 사용한 경우
   차) 시험 중 시설·장비(칼, 가스레인지 등) 사용 시 시험위원 및 타수험자의 시험 진행에 위해를 일으킬 것으로 시험위원 전원이 합의하여 판단한 경우
   카) 요구사항에 표시된 실격 및 부정행위에 해당하는 경우
7) 항목별 배점은 위생상태 및 안전관리 5점, 조리기술 30점, 작품의 평가 15점입니다.
8) 시험시작 전 가벼운 몸 풀기(스트레칭) 동작으로 긴장을 풀고 시험을 시작합니다.

조식요리 | 시험시간 20분

01 치즈오믈렛
(Cheese Omelet)

달걀 3개 정도를 잘 풀어서 오믈렛 팬에 타원형으로 익힌 것으로 달걀에 우유와 크림을 넣고 스크램블 하여 타원형으로 만든 것을 플레인 오믈렛(Plain Omelet)이라고 하고 치즈를 넣어 럭비공 모양으로 만든 오믈렛을 치즈 오믈렛이라 한다.

※ 주어진 재료를 사용하여 다음과 같이 [치즈 오믈렛]을 만드시오.
가. 치즈는 사방 0.5cm 정도로 자르시오.
나. 치즈가 들어가 있는 것을 알 수 있도록 하고, 익지 않은 달걀이 흐르지 않도록 만드시오.
다. 나무젓가락과 팬을 이용하여 타원형으로 만드시오.

01 치즈오믈렛

 ### 수험자 유의사항 공통

1) 만드는 순서에 유의하며, 위생과 숙련된 기능평가를 위하여 조리작업 시 맛을 보지 않습니다.
2) 지정된 수험자지참준비물 이외의 조리기구나 재료를 시험장 내에 지참할 수 없습니다.
3) 지급재료는 시험 전 확인하여 이상이 있을 경우 시험위원으로부터 조치를 받고 시험 중에는 재료의 교환 및 추가지급은 하지 않습니다.
4) 요구사항의 규격은 "정도"의 의미를 포함하며, 지급된 재료의 크기에 따라 가감하여 채점합니다.
5) 위생복, 위생모, 앞치마를 착용하여야 하며, 시험장비·조리도구 취급 등 안전에 유의합니다.
6) 다음 사항은 실격에 해당하여 **채점 대상에서 제외**됩니다.
   가) 수험자 본인이 시험 도중 시험에 대한 포기 의사를 표현하는 경우
   나) 위생복, 위생모, 앞치마, 마스크를 착용하지 않은 경우
   다) 시험시간 내에 과제 두 가지를 제출하지 못한 경우
   라) 문제의 요구사항대로 과제의 수량이 만들어지지 않은 경우
   마) 완성품을 요구사항의 과제(요리)가 아닌 다른 요리(예, 달걀말이 → 달걀찜)로 만든 경우
   바) 불을 사용하여 만든 조리작품이 작품특성에 벗어나는 정도로 타거나 익지 않은 경우
   사) 해당과제의 지급재료 이외 재료를 사용하거나, 요구사항의 조리기구(석쇠 등)로 완성품을 조리하지 않은 경우
   아) 지정된 수험자지참준비물 이외의 조리기술에 영향을 줄 수 있는 기구를 사용한 경우
   자) 가스레인지 화구 2개 이상(2개 포함) 사용한 경우
   차) 시험 중 시설·장비(칼, 가스레인지 등) 사용 시 시험위원 및 타수험자의 시험 진행에 위해를 일으킬 것으로 시험위원 전원이 합의하여 판단한 경우
   카) 요구사항에 표시된 실격 및 부정행위에 해당하는 경우
7) 항목별 배점은 위생상태 및 안전관리 5점, 조리기술 30점, 작품의 평가 15점입니다.
8) 시험시작 전 가벼운 몸 풀기(스트레칭) 동작으로 긴장을 풀고 시험을 시작합니다.

 ### 지급재료목록

- 달걀 ············· 3개
- 치즈(가로, 세로 8cm 정도) ··· 1장
- 생크림(조리용) ········· 20ml
- 버터(무염) ············· 30g
- 식용유 ··············· 20ml
- 소금(정제염) ············ 2g

만드는법

달걀물 체에 내리기

달걀에 치즈, 생크림 섞기

치즈 넣어 말기

오믈렛 완성하기

01 달걀은 거품기를 이용하여 잘 푼 후 소금을 약간 넣고 체에 내린다.

02 치즈는 0.5cm 크기로 일정하게 썬다(½은 달걀물에 넣고, ½은 속재료에 활용한다).

03 풀어놓은 달걀물에 치즈(썬 것의 ½)와 생크림(우유)을 넣어 함께 섞는다.

04 오믈렛 팬을 잘 달군 후 식용유를 충분히 두르고 코팅한다. 남은 기름은 따라 내고, 중불의 온도에서 버터를 두르고, 버터가 녹으면 달걀물을 부은 다음 나무젓가락으로 재빨리 저어 부드럽게 스크램블한다.

05 불을 낮추고, 달걀이 반 정도 익었을 때 남은 치즈(½)를 가운데 넣고 타원형으로 말아준다(익지 않은 달걀이 흐르지 않도록 한다).

06 겉모양새가 통통한 럭비공 모양이 되도록 굴려가면서 모양을 잡아 접시에 담아낸다.

> **시험장에서의 조리작업순서**
> 재료 확인 → 재료 손질 → 달걀 풀기 → 달걀물 체에 내리기 → 치즈 다지기 → 달걀물+치즈(1/2)+생크림 섞기 → 오믈렛 팬 코팅하기 → 오믈렛 말기(팬에 식용유, 버터 → 달걀물을 넣어 부드럽게 젓기(스크램블) → 치즈(1/2) 넣기 → 말기 → 완성접시에 담기

참고사항

🌱 달걀
- 달걀을 거품기를 이용하여 완전히 풀어서 체에 내려야 잘 내려가고 색도 곱다.
- 생크림 사용 시 너무 많이 넣으면 오믈렛을 말 때 부서지기 쉬우므로 주의한다.

🌱 치즈
- 썬 치즈의 반은 체에 내린 달걀물에 섞고 나머지 반은 속에 넣어 말아준다.

🌱 오믈렛팬 사용법
- 오믈렛을 만들 때는 직경 18cm 정도 되는 오믈렛 전용팬을 사용하고 오믈렛 팬에 식용유를 충분히 두르고 가열한 뒤 남은 식용유는 따라내고 팬을 코팅하여 사용하면 달걀이 눌러 붙는 것을 방지할 수 있다(시험장에 갈 때는 잘 길들여진 개인 오믈렛팬을 가져가서 사용하면 좋다).

🌱 오믈렛 말기
- 코팅된 오믈렛 팬에 버터 사용 시 버터만 사용하면 오믈렛은 고소하고 맛은 좋지만 오믈렛의 색이 빨리나면서 표면이 잘 타는 단점이 있으므로 식용유와 혼합하여 사용한다.
- 식용유와 버터를 두른 팬에 버터가 녹으면 달걀물을 붓고 스크램블(Scramble)한다. 스크램블은 달걀을 휘저어서 부드럽게 익히는 것을 말하며, 이 과정을 해주어야만 달걀물이 밑은 타고 위는 안 익는 것을 막아 줄 수 있으며 오믈렛이 단단하지 않고 공기가 들어가 속이 부드러워진다.
- 완성된 오믈렛의 모양은 타원형(럭비공)이 되어야 하며 또한 지나치게 익지 않도록 주의해야 한다.

조식요리 | 시험시간 30분

02 스패니쉬 오믈렛
(Spanish Omelet)

오믈렛은 달걀을 이용한 아침식사로 달걀을 잘 풀어서 우유나 생크림을 넣고 팬에 버터를 두르고 스크램블하여 럭비공 모양으로 만 것이다. 치즈, 베이컨, 햄, 양송이, 피망, 토마토 등을 소로 사용할 수 있다. 스패니쉬 오믈렛은 스페인풍의 오믈렛으로 갖은 재료와 토마토 페이스트를 볶아서 소로 넣고 말아 만든 오믈렛이다.

02 스패니쉬 오믈렛

요구 사항

※ 주어진 재료를 사용하여 다음과 같이 [스패니쉬 오믈렛]을 만드시오.

가. 토마토, 양파, 청피망, 양송이, 베이컨은 0.5cm 정도의 크기로 썰어 오믈렛 소를 만드시오.
나. 소가 흘러나오지 않도록 하시오.
다. 소를 넣어 나무젓가락과 팬을 이용하여 타원형으로 만드시오.

수험자 유의사항 공통

1) 만드는 순서에 유의하며, 위생과 숙련된 기능평가를 위하여 조리작업 시 맛을 보지 않습니다.
2) 지정된 수험자지참준비물 이외의 조리기구나 재료를 시험장 내에 지참할 수 없습니다.
3) 지급재료는 시험 전 확인하여 이상이 있을 경우 시험위원으로부터 조치를 받고 시험 중에는 재료의 교환 및 추가지급은 하지 않습니다.
4) 요구사항의 규격은 "정도"의 의미를 포함하며, 지급된 재료의 크기에 따라 가감하여 채점합니다.
5) 위생복, 위생모, 앞치마를 착용하여야 하며, 시험장비·조리도구 취급 등 안전에 유의합니다.
6) 다음 사항은 실격에 해당하여 **채점 대상에서 제외**됩니다.
   가) 수험자 본인이 시험 도중 시험에 대한 포기 의사를 표현하는 경우
   나) 위생복, 위생모, 앞치마, 마스크를 착용하지 않은 경우
   다) 시험시간 내에 과제 두 가지를 제출하지 못한 경우
   라) 문제의 요구사항대로 과제의 수량이 만들어지지 않은 경우
   마) 완성품을 요구사항의 과제(요리)가 아닌 다른 요리(예. 달걀말이 → 달걀찜)로 만든 경우
   바) 불을 사용하여 만든 조리작품이 작품특성에 벗어나는 정도로 타거나 익지 않은 경우
   사) 해당과제의 지급재료 이외 재료를 사용하거나, 요구사항의 조리기구(석쇠 등)로 완성품을 조리하지 않은 경우
   아) 지정된 수험자지참준비물 이외의 조리기술에 영향을 줄 수 있는 기구를 사용한 경우
   자) 가스레인지 화구 2개 이상(2개 포함) 사용한 경우
   차) 시험 중 시설·장비(칼, 가스레인지 등) 사용 시 시험위원 및 타수험자의 시험 진행에 위해를 일으킬 것으로 시험위원 전원이 합의하여 판단한 경우
   카) 요구사항에 표시된 실격 및 부정행위에 해당하는 경우
7) 항목별 배점은 위생상태 및 안전관리 5점, 조리기술 30점, 작품의 평가 15점입니다.
8) 시험시작 전 가벼운 몸 풀기(스트레칭) 동작으로 긴장을 풀고 시험을 시작합니다.

지급재료목록

- 달걀 ·· 3개
- 검은 후춧가루 ···················· 2g
- 식용유 ································· 20ml
- 버터(무염) ··························· 20g
- 생크림(조리용) ·················· 20g
- 양파(중, 150g 정도) ········ 1/6개
- 양송이 ································· 10g
- 토마토(중, 150g 정도) ····· 1/4개
- 청피망(중, 75g 정도) ······ 1/6개
- 베이컨(길이 25~30cm) ·· 1/2 조각
- 토마토케첩 ························· 20g
- 소금(정제염) ························· 5g

만드는법

토마토케첩 넣기

볶은 속재료 놓기

속재료 넣고 말기

오믈렛 완성하기

01 달걀은 거품기를 이용하여 잘 푼 후 체에 내리고 생크림을 섞어 준비한다.

02 양파, 양송이, 청피망, 베이컨은 사방 0.5cm 크기의 주사위 모양으로 잘게 썬다.

03 토마토도 껍질과 씨를 제거하고 0.5cm 크기의 주사위 모양으로 잘게 썬다.

04 팬에 베이컨을 넣고 볶다가 버터를 넣고 양파, 양송이, 청피망, 토마토순으로 볶은 다음 토마토케첩을 넣고 조금 더 볶아 주고 소금과 검은 후춧가루로 간을 하여 오믈렛 소를 만든다.

05 오믈렛 팬을 잘 달군 후 식용유를 충분히 두르고 코팅한다. 남은 기름은 따라 내고 중불의 온도에서 버터를 두르고, 버터가 녹으면 달걀물을 부은 다음 나무젓가락으로 재빨리 저어 부드럽게 스크램블 하여 반 정도 익었을 때 04의 볶은 속재료를 가운데 길게 배열하여 넣은 후 오믈렛팬을 기울여 타원형(럭비공)으로 말아준다(오믈렛 소가 흘러나오지 않게 한다).

06 모양을 잡아 완성접시에 담아낸다.

시험장에서의 조리작업순서

재료 확인 → 재료 손질 → 달걀 풀기 → 달걀물 체에 내리기 → 속재료 썰기(양파, 양송이, 피망, 베이컨, 토마토) → 속만들기(팬에 베이컨 → 버터 → 양파 → 양송이 → 피망 → 토마토 → 토마토케찹 → 소금, 검은 후춧가루) → 오믈렛 말기(팬에 식용유, 버터 → 달걀물을 넣어 부드럽게 젓기(스크램블) → 속 넣기 → 말기) → 담기

참고사항

🍀 달걀
- 달걀은 거품기를 이용하여 완전히 풀어서 체에 내려야 잘 내려가고 색도 곱다.

🍀 오믈렛 속재료 준비
- 양송이의 신선도가 떨어져서 버섯의 갓이 깨끗하지 않을 경우 버섯갓 안쪽에서 껍질을 들어올려 껍질을 벗겨내고 사용하며 썰 때는 버섯갓과 기둥을 분리하여 따로따로 썬다.
- 베이컨은 자체 내 기름이 많으므로 다른 재료보다 먼저 팬에 볶아서 기름을 빼주고 나머지 재료볶기에 부족한 버터를 더 넣어 양파, 양송이, 피망, 토마토 순으로 볶는다.
- 토마토는 원형 그대로나 1/2개 이상 나오면 열십자로 칼집을 내어 끓는 물에 살짝 데치거나 불에 구워 찬물에 담그면 껍질이 저절로 일어나 껍질을 벗기고 씨를 제거하고 사용하면 되지만 시험장에서는 토마토가 1/4쪽 정도로 작은 양이 나오므로 데치거나 굽는 작업없이 껍질을 벗기고 씨를 제거하여 사용한다.

🍀 오믈렛의 경우 일반팬이 아닌 오믈렛 전용팬(직경 18cm)을 사용하여야 크기가 적당하고 예쁘다.

🍀 오믈렛 말기
- 속에 넣은 내용물이 너무 많으면 오믈렛이 터지기 쉬우므로 중심부터 양쪽으로 고르게 속이 들어가도록 적당히 펴 넣는다.
- 오믈렛을 말 때 속을 만진 젓가락이나 수저, 나무주걱 등을 사용하면 완성된 오믈렛 표면에 토마토케첩이 묻으므로 주의한다.
- 완성된 오믈렛은 럭비공 모양으로 단단하지 않고 부드러워야 하며 버터를 위에 살짝 발라 윤기를 낸다.

전채요리 | 시험시간 30분

03 쉬림프 카나페
(Shrimp Canape)

전채요리는 식사 전에 식욕을 촉진시키기 위해 코스요리 중 처음 나오는 요리로 영어로는 애피타이저(Appetizer), 불어로는 오드블(Hors d'oeuvre)이라 한다. 새우나 햄, 크래커, 식빵, 캐비어, 치즈 등을 이용하여 칵테일 파티에 술안주로도 이용된다. 쉬림프 카나페는 식빵에 달걀과 새우를 얹어 만든 전채요리이다.

03 쉬림프 카나페

**요구
사항**

※ 주어진 재료를 사용하여 다음과 같이 [쉬림프 카나페]를 만드시오.
가. 새우는 내장을 제거한 후 미르포아(mirepoix)를 넣고 삶아서 껍질을 제거하시오.
나. 달걀은 완숙으로 삶아 사용하시오.
다. 식빵은 직경 4cm 정도의 원형으로 하고, 쉬림프 카나페는 4개 제출하시오.

 수험자 유의사항 공통

1) 만드는 순서에 유의하며, 위생과 숙련된 기능평가를 위하여 조리작업 시 맛을 보지 않습니다.
2) 지정된 수험자지참준비물 이외의 조리기구나 재료를 시험장 내에 지참할 수 없습니다.
3) 지급재료는 시험 전 확인하여 이상이 있을 경우 시험위원으로부터 조치를 받고 시험 중에는 재료의 교환 및 추가지급은 하지 않습니다.
4) 요구사항의 규격은 "정도"의 의미를 포함하며, 지급된 재료의 크기에 따라 가감하여 채점합니다.
5) 위생복, 위생모, 앞치마를 착용하여야 하며, 시험장비·조리도구 취급 등 안전에 유의합니다.
6) 다음 사항은 실격에 해당하여 **채점 대상에서 제외**됩니다.
   가) 수험자 본인이 시험 도중 시험에 대한 포기 의사를 표현하는 경우
   나) 위생복, 위생모, 앞치마, 마스크를 착용하지 않은 경우
   다) 시험시간 내에 과제 두 가지를 제출하지 못한 경우
   라) 문제의 요구사항대로 과제의 수량이 만들어지지 않은 경우
   마) 완성품을 요구사항의 과제(요리)가 아닌 다른 요리(예, 달걀말이 → 달걀찜)로 만든 경우
   바) 불을 사용하여 만든 조리작품이 작품특성에 벗어나는 정도로 타거나 익지 않은 경우
   사) 해당과제의 지급재료 이외 재료를 사용하거나, 요구사항의 조리기구(석쇠 등)로 완성품을 조리하지 않은 경우
   아) 지정된 수험자지참준비물 이외의 조리기술에 영향을 줄 수 있는 기구를 사용한 경우
   자) 가스레인지 화구 2개 이상(2개 포함) 사용한 경우
   차) 시험 중 시설·장비(칼, 가스레인지 등) 사용 시 시험위원 및 타수험자의 시험 진행에 위해를 일으킬 것으로 시험위원 전원이 합의하여 판단한 경우
   카) 요구사항에 표시된 실격 및 부정행위에 해당하는 경우
7) 항목별 배점은 위생상태 및 안전관리 5점, 조리기술 30점, 작품의 평가 15점입니다.
8) 시험시작 전 가벼운 몸 풀기(스트레칭) 동작으로 긴장을 풀고 시험을 시작합니다.

 지급재료목록

- 새우(30~40g) ············ 4마리
- 식빵(샌드위치용, 제조일로부터 하루경과한 것) ············ 1조각
- 달걀 ············ 1개
- 버터(무염) ············ 30g
- 토마토케첩 ············ 10g
- 소금(정제염) ············ 5g
- 이쑤시개 ············ 1개
- 흰 후춧가루 ············ 2g
- 양파(중, 150g 정도) ············ 1/8개
- 당근(둥근모양이 유지되게 등분) ············ 15g
- 셀러리 ············ 15g
- 레몬(길이(장축)로 등분) ··· 1/8개
- 파슬리(잎, 줄기 포함) ······ 1줄기

전채요리 | 63

만드는법

새우 내장 제거

달걀 자르기

식빵 토스트하기

토마토케첩 얹기

01 냄비에 1½C 정도의 물을 붓고 불에 올려 새우 삶을 준비를 한다. 파슬리는 찬물에 담가 둔다.

02 새우는 소금 탄 물에 젓가락을 이용해 흔들어 씻은 후 체에 밭쳐 등쪽 2~3번째 마디에서 이쑤시개를 사용해 내장을 제거한다.

03 새우 삶을 물에 미르포아(양파채, 당근채, 셀러리채)와 소금, 레몬을 넣고 끓여 뚜껑을 연 채 손질한 새우를 삶아 식힌다.

04 냄비에 달걀을 넣고 달걀이 잠길 만큼의 물을 부은 후 소금을 넣어 달걀을 삶는다. 이때 물이 미지근해지면 한쪽 방향으로 달걀이 터지지 않도록 조심스럽게 3~5분간 저어 노른자가 중앙에 오도록 완숙으로 삶아 찬물에 식힌다(달걀 삶는 총 소요시간은 15분 정도이다).

05 식빵은 네귀퉁이를 잘라내고 4등분한 후 모서리를 조금씩 다듬어가며 직경 4cm 원형으로 만들어 팬에 기름을 두르지 않고 앞뒤를 노릇하게 토스트 하여 식힌다.

06 파슬리는 물기를 제거하고 넓지 않은 잎으로 떼어서 준비한다.

07 식힌 새우는 머리와 껍질을 제거하고 반으로 갈라 꼬리를 세워둔다.

08 식힌 달걀은 껍질을 제거하고 칼을 이용하여 자른다.

09 토스트한 빵 위에 버터를 바르고 달걀, 새우 순으로 얹는다. 젓가락을 이용해 토마토케첩을 새우에 얹고 파슬리로 장식한다.

10 완성그릇에 담고 남은 파슬리의 물기를 제거하여 가운데 장식한다.

시험장에서의 조리작업순서

재료 확인 → 재료 손질 → 끓는 물 준비(파슬리 찬물에 담그기) → 새우 손질하여 삶기 → 달걀 삶아 식히기 → 빵 모양 낸 후 토스트 → 파슬리 손질 → 새우 모양 내기 → 카나페 만들기(빵 → 버터 → 달걀 → 새우 → 토마토케첩 → 파슬리) → 완성접시에 담기

참고사항

🌱 새우 손질
- 새우의 내장을 등 쪽 2~3번째 마디에서 꼬치를 이용해 제거한다.
- 미르포아(Mirepoix)란 향을 가진 채소(양파, 당근, 셀러리, 파슬리 줄기 등)로 일정한 크기와 형태없이 썰어서 육류나 생선요리, 소스나 수프, 스튜에 풍미를 주기 위해서 사용한다.
- 새우를 데칠 때 미르포아(양파, 당근, 셀러리)를 넣고 데치면 비린내 제거와 함께 새우의 맛도 좋아진다.
- 새우의 모양을 낼 때는 완전히 식혀서 껍질을 벗겨야 색이나 모양이 예쁘다.
- 새우의 모양은 여러 가지로 만들 수 있다(통째로 사용, 반 갈라서 겹쳐 사용, 반 갈라서 원형, 등 쪽에 칼집 넣어 편 모양).

🌱 달걀 삶기
- 냉장된 찬 달걀은 물에 잠시 담가 두었다가 삶아야 터지지 않는다.
- 달걀노른자가 중앙에 오도록 삶기 위해서는 물이 미지근할 때부터 약 3~5분간 한쪽 방향으로 저어 주어야 하며, 약 15분 정도면 완숙이 된다. 다 삶은 후에는 그 물에 두지 말고 찬물에 바로 옮겨서 담가 놓아야 껍질도 잘 벗겨지고 더 삶는 효과도 없어진다.
- 시간을 초과해서 삶으면 난황 주위가 암녹색으로 변하여 색상도 좋지 못하고 냄새도 좋지 못하다.

※ 달걀에 소금이나 흰 후춧가루를 뿌리기도 한다.

🌱 빵 관리
- 식빵은 지급받은 후 물이 묻지 않도록 관리하여야 하며 팬에 굽고 나서도 수분이 생기지 않도록 접시에 그냥 두지 말고 젓가락을 놓고 그 위에 얹어 놓는다.

🌱 파슬리 처리
- 파슬리는 지급받자마자 찬물에 담가 시들지 않게 처리하며 사용할 때는 면보에 물기를 제거하고 사용한다.

전채요리 | 시험시간 30분

04 참치 타르타르
(Tuna Tartare)

타르타르(tartare)는 전통적으로 소고기나 생선살을 익히지 않은 채로 잘게 썰어 양파, 올리브, 케이퍼, 처빌 등을 다져 넣고 조미료로 양념하여 샐러드 부케와 채소 비네그레트를 곁들인 전채 요리이다.

요구 사항

※ 주어진 재료를 사용하여 다음과 같이 [참치 타르타르]를 만드시오.

가. 참치는 꽃소금을 사용하여 해동하고, 3~4mm 정도의 작은 주사위 모양으로 썰어 양파, 그린올리브, 케이퍼, 처빌 등을 이용하여 타르타르를 만드시오.
나. 채소를 이용하여 샐러드부케를 만들어 곁들이시오.
다. 참치타르타르는 테이블 스푼 2개를 사용하여 퀸넬(quenelle)형태로 3개를 만드시오.
라. 채소 비네그레트는 양파, 붉은색과 노란색의 파프리카, 오이를 가로세로 2mm 정도의 작은 주사위 모양으로 썰어서 사용하고 파슬리와 딜은 다져서 사용하시오.

04 참치 타르타르

 수험자 유의사항 공통

1) 만드는 순서에 유의하며, 위생과 숙련된 기능평가를 위하여 조리작업 시 맛을 보지 않습니다.
2) 지정된 수험자지참준비물 이외의 조리기구나 재료를 시험장 내에 지참할 수 없습니다.
3) 지급재료는 시험 전 확인하여 이상이 있을 경우 시험위원으로부터 조치를 받고 시험 중에는 재료의 교환 및 추가지급은 하지 않습니다.
4) 요구사항의 규격은 "정도"의 의미를 포함하며, 지급된 재료의 크기에 따라 가감하여 채점합니다.
5) 위생복, 위생모, 앞치마를 착용하여야 하며, 시험장비·조리도구 취급 등 안전에 유의합니다.
6) 다음 사항은 실격에 해당하여 **채점 대상에서 제외**됩니다.
   가) 수험자 본인이 시험 도중 시험에 대한 포기 의사를 표현하는 경우
   나) 위생복, 위생모, 앞치마, 마스크를 착용하지 않은 경우
   다) 시험시간 내에 과제 두 가지를 제출하지 못한 경우
   라) 문제의 요구사항대로 과제의 수량이 만들어지지 않은 경우
   마) 완성품을 요구사항의 과제(요리)가 아닌 다른 요리(예, 달걀말이 → 달걀찜)로 만든 경우
   바) 불을 사용하여 만든 조리작품이 작품특성에 벗어나는 정도로 타거나 익지 않은 경우
   사) 해당과제의 지급재료 이외 재료를 사용하거나, 요구사항의 조리기구(석쇠 등)로 완성품을 조리하지 않은 경우
   아) 지정된 수험자지참준비물 이외의 조리기술에 영향을 줄 수 있는 기구를 사용한 경우
   자) 가스레인지 화구 2개 이상(2개 포함) 사용한 경우
   차) 시험 중 시설·장비(칼, 가스레인지 등) 사용 시 시험위원 및 타수험자의 시험 진행에 위해를 일으킬 것으로 시험위원 전원이 합의하여 판단한 경우
   카) 요구사항에 표시된 실격 및 부정행위에 해당하는 경우
7) 항목별 배점은 위생상태 및 안전관리 5점, 조리기술 30점, 작품의 평가 15점입니다.
8) 시험시작 전 가벼운 몸 풀기(스트레칭) 동작으로 긴장을 풀고 시험을 시작합니다.

 지급재료목록

[참치 타르타르]
- 붉은색 참치 살(냉동 지급) ········ 80g
- 양파 ················ 1/8개 중 2/3개
- 그린올리브 ·························· 2개
- 케이퍼 ································ 5개
- 처빌(fresh) ·························· 2줄기
- 올리브오일 ························· 5ml
- 레몬(길이(장축)로 등분) ········ 1/4개
- 핫소스 ······························· 5ml
- 꽃소금 ································ 3g
- 흰 후춧가루 ························· 3g

[샐러드 부케]
- 롤라로사 : 꽃(적)상추 대체 가능 2잎
- 그린치커리(fresh) ·············· 2줄기
- 차이브(실파로 대체 가능) ····· 5줄기
- 붉은색 파프리카(150g, 5~6cm 길이)
  ·························· 1/4개 중 1/3개

[채소 비네그레트]
- 양파 ···················· 1/8개 중 1/3개
- 붉은색 파프리카 ···· 1/4개 중 2/3개
- 노란색 파프리카(150g, 5~6cm 길이)
  ······························· 1/8개
- 파슬리 ······························ 1줄기
- 오이(가늘고 곧은 것(20cm), 길이로 반을 갈라 10등분 ········· 1/10개
- 딜(fresh) ·························· 3줄기
- 올리브오일 ······················· 20ml
- 식초 ································· 10ml
- 꽃소금 ································ 2g

■ 지참 준비물 추가 : 테이블 스푼 2개(퀸넬용 머릿부분 가로 6cm, 세로(폭) 3.5~4cm

만드는법

샐러드 부케 만들기

참치 썰기

퀜넬형태 잡기

완성하기

01 냉동 참치는 연한 소금물에 잠시 담가 해동시킨다.

02 (샐러드 부케 만들기) – 롤라로사와 그린치커리는 찬물에 담가 싱싱하게 살린다. 지급된 차이브 중 반은 물에 함께 담가놓고 반은 끓는 물에 살짝 데쳐 냉수에 헹궈 물기를 제거한다. 붉은색 파프리카의 일부는 길고 가늘게 채썬다. 롤라로사에 그린치커리, 차이브, 붉은색 파프리카를 얹듯이 자연스럽게 감싸 데쳐둔 차이브로 밑동을 돌돌 말아 묶고 끝을 살짝 잘라 정리한다. 오이는 홈을 내서 말아둔 샐러드 부케를 꽂아 고정시킨다.

03 (채소 비네그레트) – 양파, 붉은색과 노란색 파프리카, 오이는 가로와 세로 2mm 정도의 작은 주사위 모양으로 썰고 파슬리와 딜은 다진다. 둥근 볼에 준비한 채소와 올리브오일, 식초, 소금을 넣고 섞어 채소 비네그레트를 완성한다.

04 (참치 타르타르) – 살짝 해동시킨 참치는 거즈로 물기를 제거하고 가로세로 3~4mm 정도의 작은 주사위 모양으로 자른 후 마른 면보에 싸서 핏물을 제거하고 양파, 그린올리브, 케이퍼, 처빌은 다진다. 둥근 볼에 핏물을 제거한 참치와 다진 재료를 섞고, 레몬즙, 올리브오일, 핫소스, 소금, 흰 후춧가루를 넣고 부드럽게 섞어 참치 타르타르를 만든다.

05 접시 가운데에 샐러드 부케를 놓고 스푼 2개를 이용하여 형태로 모양을 잡아 부케 주변으로 3개를 만들어 돌려 담고 채소 비네그레트를 뿌려낸다(샐러드 부케에도 살짝 뿌리기).

시험장에서의 조리작업순서

재료 확인 → 냉동 참치 해동 → 샐러드 부케용 채소 찬물에 담그기 → 차이브 데치기 → 오이 속 파내기 → 샐러드 부케용 채소를 데친 차이브로 묶기 → 속 파낸 오이에 끼우기 → 채소 비네그레트 채소 다지기 → 채소 비네그레트 완성하기 → 참치 물기 제거하여 썰기 → 참치 타르타르용 채소 썰기 → 참치 타르타르 버무리기 → 접시에 샐러드 부케 담기 → 퀜넬형태 3개 만들어 담기 → 채소 비네그레트 뿌리기

참고사항

🔰 샐러드부케(본문 교재 p.51 참고)

- 부케용 채소는 싱싱하게 준비하여 높낮이를 살짝 달리하여 부케를 만든다. 차이브는 다른 채소보다 위로 더 나오게 모양을 내주는 것이 멋스럽다.
- 붉은색 파프리카는 속살을 제거하고 가늘고 길게 채썰어 사용한다.
- 데친 차이브로 샐러드 부케의 밑동을 묶을 때 2바퀴 이상 돌려 풀리지 않도록 묶는다.
- 오이는 채소 비네그레트에 사용하고 남는 것을 이용한다(지급 재료 양이 작을 시 사용하지 않는다).

🔰 참치타르타르

- 냉동 참치는 연한 소금물에 살짝 담가서 해동시키는데, 해동이 지나치면 참치를 썰 때 참치살이 으깨지고, 형태 잡기도 좋지 못하므로 주의한다.
- 참치색이 변하므로 너무 일찍 썰거나 무치지 않는 것이 색상 유지에 좋다(살짝 해동시킨 참치를 꺼내 잠시 두면 붉은색이 더 이쁘게 올라와서 완성품의 색상이 좋지만 조리시간이 한정되어 있으므로 시간에 유의하여 조리한다).
- 퀸넬용 스푼 2개를 이용하여 형태로 잡아준다(본문 교재 p.50 참고).
- 퀸넬용 테이블스푼은 시험 지참 준비물로 머리부분 가로 6cm, 세로(폭) 3.5~4cm 정도로 2개를 준비하여 시험에 응시한다.

🔰 퀸넬형태 : Quenelle은 럭비공 모양이다.

〈퀸넬용 테이블스푼〉

🔰 채소 비네그레트 뿌리기

- 채소 비네그레트를 샐러드 부케에 일부 뿌리고, 참치 타르타르 위에 뿌려낸다.

04 참치 타르타르

스톡 | 시험시간 30분

05 브라운 스톡
(Brown Stock)

스톡(Stock)은 수프(Soup)나 소스(Sauce)의 재료가 되는 기본육수로 소고기, 닭고기, 양고기, 생선뼈 등에 향신료를 넣고 끓여 맛을 우려낸 국물이다. 주재료가 흰색이면 화이트 스톡을 쓰고, 갈색이면 브라운 스톡을 쓴다.

05 브라운 스톡

요구사항

※ 주어진 재료를 사용하여 다음과 같이 [브라운 스톡]을 만드시오.
가. 스톡은 맑고 갈색이 되도록 하시오.
나. 소뼈는 찬물에 담가 핏물을 제거한 후 구워서 사용하시오.
다. 당근, 양파, 셀러리는 얇게 썬 후 볶아서 사용하시오.
라. 향신료로 사세 데피스(sachet d'epice)를 만들어 사용하시오.
마. 완성된 스톡은 200mL 이상 제출하시오.

 수험자 유의사항 공통

1) 만드는 순서에 유의하며, 위생과 숙련된 기능평가를 위하여 조리작업 시 맛을 보지 않습니다.
2) 지정된 수험자지참준비물 이외의 조리기구나 재료를 시험장 내에 지참할 수 없습니다.
3) 지급재료는 시험 전 확인하여 이상이 있을 경우 시험위원으로부터 조치를 받고 시험 중에는 재료의 교환 및 추가지급은 하지 않습니다.
4) 요구사항의 규격은 "정도"의 의미를 포함하며, 지급된 재료의 크기에 따라 가감하여 채점합니다.
5) 위생복, 위생모, 앞치마를 착용하여야 하며, 시험장비·조리도구 취급 등 안전에 유의합니다.
6) 다음 사항은 실격에 해당하여 **채점 대상에서 제외**됩니다.
   가) 수험자 본인이 시험 도중 시험에 대한 포기 의사를 표현하는 경우
   나) 위생복, 위생모, 앞치마, 마스크를 착용하지 않은 경우
   다) 시험시간 내에 과제 두 가지를 제출하지 못한 경우
   라) 문제의 요구사항대로 과제의 수량이 만들어지지 않은 경우
   마) 완성품을 요구사항의 과제(요리)가 아닌 다른 요리(예. 달걀말이 → 달걀찜)로 만든 경우
   바) 불을 사용하여 만든 조리작품이 작품특성에 벗어나는 정도로 타거나 익지 않은 경우
   사) 해당과제의 지급재료 이외 재료를 사용하거나, 요구사항의 조리기구(석쇠 등)로 완성품을 조리하지 않은 경우
   아) 지정된 수험자지참준비물 이외의 조리기술에 영향을 줄 수 있는 기구를 사용한 경우
   자) 가스레인지 화구 2개 이상(2개 포함) 사용한 경우
   차) 시험 중 시설·장비(칼, 가스레인지 등) 사용 시 시험위원 및 타수험자의 시험 진행에 위해를 일으킬 것으로 시험위원 전원이 합의하여 판단한 경우
   카) 요구사항에 표시된 실격 및 부정행위에 해당하는 경우
7) 항목별 배점은 위생상태 및 안전관리 5점, 조리기술 30점, 작품의 평가 15점입니다.
8) 시험시작 전 가벼운 몸 풀기(스트레칭) 동작으로 긴장을 풀고 시험을 시작합니다.

 지급재료목록

- 소뼈(2~3cm 정도, 자른 것) · 150g
- 양파(중, 150g 정도) ········ 1/2개
- 당근(둥근 모양이 유지되게 등분)
  ···································· 40g
- 셀러리 ···························· 30g
- 토마토(중, 150g 정도) ········ 1개
- 식용유 ··························· 50ml
- 다임(fresh) ···················· 1줄기
- 월계수잎 ·························· 1잎
- 정향 ······························· 1개
- 검은 통후추 ······················ 4개
- 파슬리(잎, 줄기 포함) ········ 1줄기
- 다시백(10cm×12cm) ········· 1장
- 버터(무염) ······················· 5g
- 면실 ···························· 30cm

만드는 법

소뼈 데치기

소뼈 굽기

사세 데피스 만들기

사세 데피스 넣어서 소뼈 끓이기

01 소뼈 데칠 물을 준비한다.

02 소뼈의 기름기 등을 제거하고 찬물에 담가 핏물을 뺀다.

03 양파, 당근, 셀러리는 큼직하게(Mirepoix ; 미르포아) 썰고 토마토는 껍질과 씨를 제거하고 큼직하게 썬다.

04 파슬리줄기, 월계수잎, 정향, 통후추, 다임을 다시백에 넣고 면실로 묶어 사세 데피스(sachet d'epice)를 만든다.

05 끓는 물에 핏물을 뺀 소뼈를 데쳐낸 후 냉수에 헹궈 놓는다.

06 팬에 식용유를 소량 넣고 데쳐둔 소뼈를 앞뒤로 갈색이 나도록 굽는다. 소뼈가 구워지면 냄비에 버터를 약간 두르고 양파를 넣어 진한 갈색이 날 때까지 구우면서 셀러리와 당근을 넣고 진한 갈색이 나도록 더 굽는다.

07 냄비에 갈색으로 구워낸 소뼈, 양파, 당근, 셀러리와 토마토를 담고 물 3컵과 사세 데피스를 넣어 끓인다.

08 스톡이 끓으면 불을 줄이고 기름과 거품을 제거하면서 뭉근히 끓인다.

09 스톡이 진한 갈색이 나면 면보에 거른다(이때 소금간은 하지 않는다).

10 완성된 브라운 스톡 1컵(200ml 이상)을 그릇에 담아낸다.

> **시험장에서의 조리작업순서**
> 재료 확인 → 재료 손질 → 물 올리기 → 소뼈 손질과 핏물 제거 → 채소와 토마토 썰기 → 사세 데피스 만들기 → 소뼈 데치기 → 굽기(소뼈 → 양파 → 당근 → 셀러리) → 끓이기(구운 소뼈, 양파, 당근, 셀러리, 토마토, 사세 데피스) → 면보에 거르기 → 완성그릇에 담기

참고사항

🧑‍🍳 소뼈

- 소뼈의 기름기와 핏물을 제거한 후 데쳐서 사용하여야 맑은 스톡을 얻어낼 수 있다.
- 소뼈와 채소를 태우지 않고 진한 갈색으로 잘 구워야 좋은 색의 스톡을 얻을 수 있다.
- 스톡은 뚜껑을 열고 끓이며 도중에 뜨는 기름과 거품을 깨끗이 제거한다.
- 식용유 사용 시 되도록 소량만 사용하여야 완성된 스톡이 기름기 없이 맑다.

🧑‍🍳 완성

- 스톡에는 소금간을 하지 않는데 그 이유는 스톡은 소스나 수프의 바탕이 되는 육수로 미리 간을 하면 본 요리 사용 시 끓이는 과정을 거치면서 간이 짜지기 때문이다.
- 완성된 스톡을 면보에 걸러 놓아도 기름이 많이 뜨면 다시 한번 깨끗한 면보에 걸러낸다.
- 사세 데피스(sachet d'epice)는 향주머니로 각종 허브나 향신료를 면실로 묶어 사용하거나 작은 소창에 놓고 면실로 묶어서 만든 후 수프나 소스, 스톡에 사용한다.
  → 사세 데피스 만들기(교재 p.52 참고)

수프 | 시험시간 40분

06 비프 콘소메
(Beef Consomme)

비프 콘소메는 소고기와 채소를 이용하여 끓인 맑은 수프를 말하는데 맑고 깨끗한 국물을 내기 위해 달걀흰자를 충분히 거품을 내어 넣는다. 수프는 농도에 따라 맑은 수프와 걸쭉한 수프로 구분되는데 비프 콘소메는 맑은 수프의 가장 대표적인 것이다.

06 비프 콘소메

요구사항

※ 주어진 재료를 사용하여 다음과 같이 [비프 콘소메]를 만드시오.
가. 어니언 브루리(onion brulee)를 만들어 사용하시오.
나. 양파를 포함한 채소는 채 썰어 향신료, 소고기, 달걀 흰자 머랭과 함께 섞어 사용하시오.
다. 수프는 맑고 갈색이 되도록 하여 200ml 이상 제출하시오.

수험자 유의사항 공통

1) 만드는 순서에 유의하며, 위생과 숙련된 기능평가를 위하여 조리작업 시 맛을 보지 않습니다.
2) 지정된 수험자지참준비물 이외의 조리기구나 재료를 시험장 내에 지참할 수 없습니다.
3) 지급재료는 시험 전 확인하여 이상이 있을 경우 시험위원으로부터 조치를 받고 시험 중에는 재료의 교환 및 추가지급은 하지 않습니다.
4) 요구사항의 규격은 "정도"의 의미를 포함하며, 지급된 재료의 크기에 따라 가감하여 채점합니다.
5) 위생복, 위생모, 앞치마를 착용하여야 하며, 시험장비·조리도구 취급 등 안전에 유의합니다.
6) 다음 사항은 실격에 해당하여 **채점 대상에서 제외**됩니다.
   가) 수험자 본인이 시험 도중 시험에 대한 포기 의사를 표현하는 경우
   나) 위생복, 위생모, 앞치마, 마스크를 착용하지 않은 경우
   다) 시험시간 내에 과제 두 가지를 제출하지 못한 경우
   라) 문제의 요구사항대로 과제의 수량이 만들어지지 않은 경우
   마) 완성품을 요구사항의 과제(요리)가 아닌 다른 요리(예, 달걀말이 → 달걀찜)로 만든 경우
   바) 불을 사용하여 만든 조리작품이 작품특성에 벗어나는 정도로 타거나 익지 않은 경우
   사) 해당과제의 지급재료 이외 재료를 사용하거나, 요구사항의 조리기구(석쇠 등)로 완성품을 조리하지 않은 경우
   아) 지정된 수험자지참준비물 이외의 조리기술에 영향을 줄 수 있는 기구를 사용한 경우
   자) 가스레인지 화구 2개 이상(2개 포함) 사용한 경우
   차) 시험 중 시설·장비(칼, 가스레인지 등) 사용 시 시험위원 및 타수험자의 시험 진행에 위해를 일으킬 것으로 시험위원 전원이 합의하여 판단한 경우
   카) 요구사항에 표시된 실격 및 부정행위에 해당하는 경우
7) 항목별 배점은 위생상태 및 안전관리 5점, 조리기술 30점, 작품의 평가 15점입니다.
8) 시험시작 전 가벼운 몸 풀기(스트레칭) 동작으로 긴장을 풀고 시험을 시작합니다.

지급재료목록

- 소고기(살코기 갈은 것) ······ 70g
- 양파(중, 150g 정도) ············ 1개
- 당근(둥근 모양이 유지되게 등분) ············ 40g
- 셀러리 ························ 30g
- 토마토(중, 150g 정도) ······ 1/4개
- 달걀 ···························· 1개
- 비프스톡(물로 대체 가능) ·· 500ml
- 파슬리(잎, 줄기 포함) ······ 1줄기
- 검은 통후추 ···················· 1개
- 검은 후춧가루 ··················· 2g
- 정향 ···························· 1개
- 월계수잎 ························ 1잎
- 소금(정제염) ···················· 2g

수프 | 75

만드는법

양파 굽기(어니언 브루리(Onion brulee) 만들기)

달걀 흰자 거품내기

수프 끓이기

수프 거르기

01 지급받은 양파의 1/4 정도를 떼어 또는 1cm 두께 링으로 썰어서 후라이팬에 기름을 두르지 말고 진한 갈색으로 구워 어니언 브루리를 만든다.

02 양파, 당근, 셀러리는 채썰고, 다지지 않은 소고기가 지급되면 기름기는 떼어내고 다진다.

03 토마토는 껍질과 씨를 제거하고 다진다.

04 파슬리줄기, 월계수잎, 정향, 검은 통후추를 굵은 실로 묶어 부케가르니를 만든다.

05 달걀흰자는 거품기로 충분히 거품을 낸다(흐르지 않을 정도로 거품을 낸다).

06 달걀 흰자 거품에 채썬 양파, 당근, 셀러리, 다진 소고기, 토마토를 넣고 섞는다.

07 냄비에 물(비프 스톡, 약 500ml)과 달걀 흰자 혼합물을 붓고 구운 양파(어니언 브루리)와 부케가르니를 넣어 끓인다.

08 끓기 시작하면 불을 약하게 줄이고 가운데 구멍을 낸 다음 은근하게 끓여준다.

09 국물이 맑게 되면 면보로 거르고 소금, 후추로 간 한 다음 면보에 맑게 걸러 완성그릇에 담아낸다(200ml 이상).

시험장에서의 조리작업순서

재료 확인 → 재료 손질 → 양파 굽기(어니언 브루리 만들기) → 양파, 당근, 셀러리 채썰기 → 토마토 다지기 → 부케가르니 준비 → 달걀흰자 거품내기 → 섞기(달걀흰자 거품 + 채소(채썬 양파, 당근, 셀러리) + 다진 소고기 + 다진 토마토) → 끓이기(물 + 달걀흰자 거품 혼합물 + 구운 양파 + 부케가르니) → 거르기 → 소금, 후춧가루 간하기 → 완성그릇에 담기

참고사항

🌱 어니언 브루리(Onion brulee)
- 양파를 충분히 갈색으로 구워 어니언 브루리를 만들어 사용하면 수프의 색깔을 갈색으로 내는 데 도움이 되며 정제역할도 해준다.

🌱 소고기
- 덩어리 고기가 지급되면 기름기를 떼어내고 다져서 사용한다.

🌱 달걀흰자 거품
- 달걀흰자의 거품은 충분히 내서 사용해야 국물에서 나오는 지저분한 것들을 흡수해서 국물을 맑게 한다.

🌱 끓이기
- 불이 너무 세면 국물이 탁해지므로 처음에만 센불에서 끓이다가 끓기 시작하면 불을 줄여서 은근하게 끓인다.
- 수프를 끓일 때 뚜껑을 덮으면 국물이 탁해지므로 뚜껑을 덮지 않고 끓인다.

수프 | 시험시간 30분

07 피시 차우더 수프
(Fish Chowder Soup)

차우더(Chowder)는 어패류를 주재료로 하여 걸쭉하게 끓인 미국풍의 수프로 피시 차우더 수프는 화이트 루에 생선육수를 넣고 생선, 채소, 베이컨을 넣어 걸쭉하고 진하게 끓인 수프이다.

07 피시 차우더 수프

 **요구사항**

※ 주어진 재료를 사용하여 다음과 같이 [피시 차우더 수프]를 만드시오.

가. 차우더 수프는 화이트 루(roux)를 이용하여 농도를 맞추시오.
나. 채소는 0.7cm×0.7cm×0.1cm, 생선은 1cm×1cm×1cm 정도 크기로 써시오.
다. 대구살을 이용하여 생선스톡을 만들어 사용하시오.
라. 수프는 200ml 이상 제출하시오.

 수험자 유의사항 공통

1) 만드는 순서에 유의하며, 위생과 숙련된 기능평가를 위하여 조리작업 시 맛을 보지 않습니다.
2) 지정된 수험자지참준비물 이외의 조리기구나 재료를 시험장 내에 지참할 수 없습니다.
3) 지급재료는 시험 전 확인하여 이상이 있을 경우 시험위원으로부터 조치를 받고 시험 중에는 재료의 교환 및 추가지급은 하지 않습니다.
4) 요구사항의 규격은 "정도"의 의미를 포함하며, 지급된 재료의 크기에 따라 가감하여 채점합니다.
5) 위생복, 위생모, 앞치마를 착용하여야 하며, 시험장비·조리도구 취급 등 안전에 유의합니다.
6) 다음 사항은 실격에 해당하여 **채점 대상에서 제외**됩니다.
   가) 수험자 본인이 시험 도중 시험에 대한 포기 의사를 표현하는 경우
   나) 위생복, 위생모, 앞치마, 마스크를 착용하지 않은 경우
   다) 시험시간 내에 과제 두 가지를 제출하지 못한 경우
   라) 문제의 요구사항대로 과제의 수량이 만들어지지 않은 경우
   마) 완성품을 요구사항의 과제(요리)가 아닌 다른 요리(예. 달걀말이 → 달걀찜)로 만든 경우
   바) 불을 사용하여 만든 조리작품이 작품특성에 벗어나는 정도로 타거나 익지 않은 경우
   사) 해당과제의 지급재료 이외 재료를 사용하거나, 요구사항의 조리기구(석쇠 등)로 완성품을 조리하지 않은 경우
   아) 지정된 수험자지참준비물 이외의 조리기술에 영향을 줄 수 있는 기구를 사용한 경우
   자) 가스레인지 화구 2개 이상(2개 포함) 사용한 경우
   차) 시험 중 시설·장비(칼, 가스레인지 등) 사용 시 시험위원 및 타수험자의 시험 진행에 위해를 일으킬 것으로 시험위원 전원이 합의하여 판단한 경우
   카) 요구사항에 표시된 실격 및 부정행위에 해당하는 경우
7) 항목별 배점은 위생상태 및 안전관리 5점, 조리기술 30점, 작품의 평가 15점입니다.
8) 시험시작 전 가벼운 몸 풀기(스트레칭) 동작으로 긴장을 풀고 시험을 시작합니다.

 지급재료목록

- 대구살(해동 지급) ············ 50g
- 베이컨(길이 25~30cm) ·· 1/2조각
- 감자(150g 정도) ············ 1/4개
- 셀러리 ························· 30g
- 밀가루(중력분) ················ 15g
- 버터(무염) ···················· 20g
- 우유 ·························· 200ml
- 양파(중, 150g 정도) ········ 1/6개
- 월계수잎 ······················· 1잎
- 정향 ···························· 1개
- 소금(정제염) ···················· 2g
- 흰 후춧가루 ······················ 2g

만드는 법

생선살 익힌 국물거르기

채소 볶기

생선스톡으로 루 풀기

수프 끓이기

01 생선살은 익으면서 약간 줄어들므로 사방 1.2cm로 썰어 냄비에 찬물 2컵과 양파 2~3쪽을 넣어 삶은 후 면보에 밭쳐 물은 육수(생선스톡)로 사용하고 생선살은 따로 준비한다.

02 감자, 양파, 셀러리는 0.7cm×0.7cm×0.1cm로 썬다.

03 베이컨은 가로, 세로 1cm로 썰어 끓는 물에 데쳐 기름기를 제거한다. 월계수잎에 정향을 끼워 준비한다.

04 팬에 버터(식용유)를 두르고 양파, 셀러리, 감자순으로 살짝 볶아낸다.

05 냄비에 버터와 밀가루를 넣고 약불에서 볶아 화이트 루를 만든다.

06 화이트 루에 01의 육수(생선스톡)를 조금씩 넣어가며 몽우리가 생기지 않도록 푼 후 월계수잎과 정향을 넣어 끓인다.

07 농도가 약간 나면 데쳐 놓은 베이컨, 볶은 양파, 셀러리, 감자 순으로 넣고 끓이다가 우유를 넣고 살짝 끓인다.

08 재료가 익으면 월계수잎과 정향을 꺼내고, 01의 생선살을 넣고 소금과 흰 후추로 간을 맞추어 완성그릇에 담아낸다(200ml 이상).

시험장에서의 조리작업순서

재료 확인 → 재료 손질 → 생선살 모양내서 익히기(생선스톡) → 감자, 양파, 셀러리 썰기 → 베이컨 썰어 데치기 → 월계수잎에 정향 꽂아 준비 → 볶기(양파, 셀러리, 감자) → 화이트 루 만들기 → 끓이기(화이트 루 + 생선스톡 + 월계수잎, 정향 + 베이컨, 양파, 셀러리, 감자 + 우유 + 생선살) → 간하기 → 완성그릇에 담기

참고사항

🌱 생선
- 생선살은 익으면 줄어들므로 사방 1.2cm로 썰어 사용한다.

🌱 베이컨, 셀러리
- 베이컨의 기름을 제거하기 위해서 끓는 물에 데쳐서 사용한다. 셀러리는 섬유질을 제거한 후 썬다.

🌱 화이트루(White roux)
- 냄비에 버터를 넣어 약한 불로 녹이고 동량의 밀가루를 넣어 색이 나지 않도록 나무주걱으로 볶는다.
- 화이트 루에 생선스톡을 넣을 때는 조금씩 넣어가며 몽우리가 지지 않도록 풀어주며 몽우리가 풀리지 않을 경우는 체에 내려 다시 사용한다.

🌱 끓이기
- 감자는 처음부터 넣고 익히면 부서지므로 다른 채소를 넣고 한번 끓으면 넣어준다.
- 삶은 생선살은 부서지기 쉬우므로 완성되기 직전에 넣고 나무주걱으로 조심스럽게 저어 섞는다.

07 피시 차우더 수프

수프 | 시험시간 30분

08 프렌치 어니언 수프
(French Onion Soup)

프렌치 어니언 수프는 채썬 양파를 충분히 볶은 후 육수를 붓고 끓여 수프 위에 토스트한 바게 트 빵을 올리고 치즈를 뿌려서 오븐에 구운 것으로 뜨거울 때 먹는다.

08 프렌치 어니언 수프

요구사항

※ 주어진 재료를 사용하여 다음과 같이 [프렌치 어니언 수프]를 만드시오.
가. 양파는 5cm 크기의 길이로 일정하게 써시오.
나. 바게트빵에 마늘버터를 발라 구워서 따로 담아내시오.
다. 수프의 양은 200ml 이상 제출하시오.

수험자 유의사항 공통

1) 만드는 순서에 유의하며, 위생과 숙련된 기능평가를 위하여 조리작업 시 맛을 보지 않습니다.
2) 지정된 수험자지참준비물 이외의 조리기구나 재료를 시험장 내에 지참할 수 없습니다.
3) 지급재료는 시험 전 확인하여 이상이 있을 경우 시험위원으로부터 조치를 받고 시험 중에는 재료의 교환 및 추가지급은 하지 않습니다.
4) 요구사항의 규격은 "정도"의 의미를 포함하며, 지급된 재료의 크기에 따라 가감하여 채점합니다.
5) 위생복, 위생모, 앞치마를 착용하여야 하며, 시험장비·조리도구 취급 등 안전에 유의합니다.
6) 다음 사항은 실격에 해당하여 **채점 대상에서 제외**됩니다.
   가) 수험자 본인이 시험 도중 시험에 대한 포기 의사를 표현하는 경우
   나) 위생복, 위생모, 앞치마, 마스크를 착용하지 않은 경우
   다) 시험시간 내에 과제 두 가지를 제출하지 못한 경우
   라) 문제의 요구사항대로 과제의 수량이 만들어지지 않은 경우
   마) 완성품을 요구사항의 과제(요리)가 아닌 다른 요리(예, 달걀말이 → 달걀찜)로 만든 경우
   바) 불을 사용하여 만든 조리작품이 작품특성에 벗어나는 정도로 타거나 익지 않은 경우
   사) 해당과제의 지급재료 이외 재료를 사용하거나, 요구사항의 조리기구(석쇠 등)로 완성품을 조리하지 않은 경우
   아) 지정된 수험자지참준비물 이외의 조리기술에 영향을 줄 수 있는 기구를 사용한 경우
   자) 가스레인지 화구 2개 이상(2개 포함) 사용한 경우
   차) 시험 중 시설·장비(칼, 가스레인지 등) 사용 시 시험위원 및 타수험자의 시험 진행에 위해를 일으킬 것으로 시험위원 전원이 합의하여 판단한 경우
   카) 요구사항에 표시된 실격 및 부정행위에 해당하는 경우
7) 항목별 배점은 위생상태 및 안전관리 5점, 조리기술 30점, 작품의 평가 15점입니다.
8) 시험시작 전 가벼운 몸 풀기(스트레칭) 동작으로 긴장을 풀고 시험을 시작합니다.

지급재료목록

- 양파(중, 150g 정도) ············ 1개
- 맑은 스톡(비프스톡 또는 콘소메, 물로 대체 가능) ············ 270ml
- 바게뜨 빵 ············ 1조각
- 마늘(중, 깐 것) ············ 1쪽
- 백포도주 ············ 15ml
- 버터(무염) ············ 20g
- 파슬리(잎, 줄기 포함) ······ 1줄기
- 파마산 치즈 ············ 10g
- 소금(정제염) ············ 2g
- 검은 후춧가루 ············ 1g

만드는법

양파 채썰기

양파 볶기

마늘빵 굽기

완성된 수프와 마늘빵

01 양파는 양쪽 끝을 잘라 낸 후 결대로 얇고 굵기가 일정하게 채 썰고 마늘은 다진다.

02 파슬리는 잎만 떼어 곱게 다지고 면보에 싸서 물에 헹구어 물기를 꼭 짜서 파슬리 가루를 만든다.

03 다진 마늘과 파슬리 가루, 버터를 섞어 마늘버터를 만든다.

04 0.5cm 두께로 썬 바게뜨 빵 한면에 마늘버터를 잘 펴서 바르고 팬에 양면을 토스트한 후 마늘버터 바른 면에 뜨거울 때 파마산 치즈를 뿌려 마늘 빵을 준비한다(마늘버터 바른 면이 뜨거울 때 뿌린다).

05 냄비에 버터를 두르고 녹으면 채썬 양파를 넣고 중불에서 갈색이 날 때까지 충분히 볶는다. 이때 백포도주를 넣고 볶은 다음 물(맑은 스톡)을 넣고 은근하게 끓이면서 거품을 제거하고 소금, 검은 후춧가루로 간을 한다.

06 완성그릇에 수프를 담고(200ml 이상), 마늘빵을 따로 담아낸다.

시험장에서의 조리작업순서

재료 확인 → 재료 손질 → 양파 채썰기 → 마늘 다지기 → 파슬리 가루 → 마늘버터 만들기(마늘 + 파슬리 + 버터) → 마늘빵 만들기 → 양파 볶기 → 백포도주 넣기 → 물 넣어 끓이기 → 간하기 → 완성그릇에 담기(수프 + 마늘빵)

참고사항

🍳 양파
- 양파는 양 끝을 정리한 후 일정하고 곱게 채썰어 버터나 식용유에 색이 갈색으로 잘 나게 약한 불에서 천천히 볶는다.

🍳 마늘빵
- 완성된 수프와 마늘빵을 따로 담아낸다.

🍳 끓이기
- 끓이면서 떠오르는 거품과 기름기를 잘 제거해주어야 하며 약한 불에서 뭉근히 끓여야 수프가 탁해지지 않는다.

수프 | 시험시간 30분

09 포테이토 크림 수프
(Potato of Cream Soup)

포테이토 크림 수프는 감자를 얇게 썰어 푹 끓인 후 걸러 생크림을 넣고 수프의 부드러움을 더해 준 후 크루톤(Crouton)을 띄워낸다.

09 포테이토 크림 수프

요구사항

※ 주어진 재료를 사용하여 다음과 같이 [포테이토 크림 수프]를 만드시오.
가. 크루톤(crouton)의 크기는 사방 0.8cm~1cm 정도로 만들어 버터에 볶아 수프에 띄우시오.
나. 익힌 감자는 체에 내려 사용하시오.
다. 수프의 색과 농도에 유의하고 200ml 이상 제출하시오.

 수험자 유의사항 공통

1) 만드는 순서에 유의하며, 위생과 숙련된 기능평가를 위하여 조리작업 시 맛을 보지 않습니다.
2) 지정된 수험자지참준비물 이외의 조리기구나 재료를 시험장 내에 지참할 수 없습니다.
3) 지급재료는 시험 전 확인하여 이상이 있을 경우 시험위원으로부터 조치를 받고 시험 중에는 재료의 교환 및 추가지급은 하지 않습니다.
4) 요구사항의 규격은 "정도"의 의미를 포함하며, 지급된 재료의 크기에 따라 가감하여 채점합니다.
5) 위생복, 위생모, 앞치마를 착용하여야 하며, 시험장비·조리도구 취급 등 안전에 유의합니다.
6) 다음 사항은 실격에 해당하여 **채점 대상에서 제외**됩니다.
   가) 수험자 본인이 시험 도중 시험에 대한 포기 의사를 표현하는 경우
   나) 위생복, 위생모, 앞치마, 마스크를 착용하지 않은 경우
   다) 시험시간 내에 과제 두 가지를 제출하지 못한 경우
   라) 문제의 요구사항대로 과제의 수량이 만들어지지 않은 경우
   마) 완성품을 요구사항의 과제(요리)가 아닌 다른 요리(예, 달걀말이 → 달걀찜)로 만든 경우
   바) 불을 사용하여 만든 조리작품이 작품특성에 벗어나는 정도로 타거나 익지 않은 경우
   사) 해당과제의 지급재료 이외 재료를 사용하거나, 요구사항의 조리기구(석쇠 등)로 완성품을 조리하지 않은 경우
   아) 지정된 수험자지참준비물 이외의 조리기술에 영향을 줄 수 있는 기구를 사용한 경우
   자) 가스레인지 화구 2개 이상(2개 포함) 사용한 경우
   차) 시험 중 시설·장비(칼, 가스레인지 등) 사용 시 시험위원 및 타수험자의 시험 진행에 위해를 일으킬 것으로 시험위원 전원이 합의하여 판단한 경우
   카) 요구사항에 표시된 실격 및 부정행위에 해당하는 경우
7) 항목별 배점은 위생상태 및 안전관리 5점, 조리기술 30점, 작품의 평가 15점입니다.
8) 시험시작 전 가벼운 몸 풀기(스트레칭) 동작으로 긴장을 풀고 시험을 시작합니다.

 지급재료목록

- 감자(200g 정도) ·············· 1개
- 양파(중, 150g 정도) ········ 1/4개
- 대파(흰부분, 10cm) ········ 1토막
- 치킨 스톡(물로 대체 가능) ·· 270ml
- 생크림(조리용) ················ 20g
- 식빵(샌드위치용) ············ 1조각
- 버터(무염) ······················ 15g
- 월계수잎 ·························· 1잎
- 소금(정제염) ···················· 2g
- 흰 후춧가루 ······················ 1g

만드는법

감자 얇게 썰기

크루톤 만들기

익은 감자 체에 내리기

생크림 넣기

01 감자는 껍질을 벗겨 얇게 편썰기 하거나 채썰어서 찬물에 담가 전분기를 제거해 놓는다.

02 양파와 대파(흰 부분)는 얇게 채썬다.

03 식빵은 사방 0.8cm 크기의 주사위 모양으로 썰어 버터에 노릇하게 볶아 크루톤(Crouton)을 만든다.

04 냄비에 버터를 두르고 녹으면 곱게 채썬 양파와 대파를 넣어 볶다가 감자를 넣어 색이 나지 않게 살짝 볶는다.

05 04에 물(치킨스톡)과 월계수잎을 넣고 센불에서 끓이다가 끓으면 불을 중불 이하로 줄이고 거품을 제거하면서 감자가 푹 무르도록 끓인다.

06 감자가 푹 무르면 월계수잎을 건져내고 체에 내린다.

07 감자 거른 것을 다시 냄비에 담고 생크림을 넣어 살짝 끓인 후 소금, 흰 후춧가루로 간을 한다.

08 완성그릇에 수프 200ml 이상을 담고 크루톤을 띄워 제출한다.

> **시험장에서의 조리작업순서**
>
> 재료 확인 → 재료 손질 → 감자 썰기 → 양파와 대파 채썰기 → 크루톤 만들기 → 볶기(냄비에 버터 → 양파채, 대파채 → 감자) → 끓이기(물 1.5C~2C) → 체에 내리기(월계수잎 건져내기) → 생크림 넣기 → 간하기(소금, 흰 후춧가루) → 완성그릇에 담기(수프에 크루톤 띄우기)

참고사항

🔰 썰기
- 감자는 얇게 편 썰거나 채썰어야 빨리 익고 체에 내리기 쉬우며 찬물에 담가 전분기를 제거해야 텁텁한 맛을 없애며 볶을 때 타지 않는다.
- 대파는 뿌리 쪽의 흰 부분만 사용하며 파란 부분을 넣으면 수프의 색이 파랗게 되므로 주의한다.

🔰 크루톤
- 완성된 수프 위에 크루톤을 띄울 때 미리 얹게 되면 수프의 수분을 빨아들여 크기가 커지고 수프의 농도가 되직해지며 수프의 양이 작아지므로 제출 직전에 띄워낸다.

🔰 끓이기
- 냄비에 양파와 대파, 감자를 볶을 때는 색이 나지 않도록 하며 물을 넣고 끓이면서 불이 끓어 오르면 중불 이하에서 감자가 푹 무르도록 익힌다.
- 감자가 충분히 익지 않으면 체에 내리기가 어려우므로 주의한다.
- 감자가 푹 무르면 나무주걱으로 고운 체에 으깨면서 걸러준다.

수프 | 시험시간 30분

10 미네스트로니 수프
(Minestrone Soup)

미네스트로니(Minestrone)는 파스타, 토마토, 갖은 채소를 넣어 끓인 이태리식의 걸쭉한 채소수프이다.

요구사항

※ 주어진 재료를 사용하여 다음과 같이 [미네스트로니 수프]를 만드시오.
가. 채소는 사방 1.2cm, 두께 0.2cm 정도로 써시오.
나. 스트링빈스, 스파게티는 1.2cm 정도의 길이로 써시오.
다. 국물과 고형물의 비율을 3:1로 하시오.
라. 전체 수프의 양은 200ml 이상으로 하고 파슬리 가루를 뿌려내시오.

10 미네스트로니 수프

 수험자 유의사항 공통

1) 만드는 순서에 유의하며, 위생과 숙련된 기능평가를 위하여 조리작업 시 맛을 보지 않습니다.
2) 지정된 수험자지참준비물 이외의 조리기구나 재료를 시험장 내에 지참할 수 없습니다.
3) 지급재료는 시험 전 확인하여 이상이 있을 경우 시험위원으로부터 조치를 받고 시험 중에는 재료의 교환 및 추가지급은 하지 않습니다.
4) 요구사항의 규격은 "정도"의 의미를 포함하며, 지급된 재료의 크기에 따라 가감하여 채점합니다.
5) 위생복, 위생모, 앞치마를 착용하여야 하며, 시험장비·조리도구 취급 등 안전에 유의합니다.
6) 다음 사항은 실격에 해당하여 **채점 대상에서 제외**됩니다.
   가) 수험자 본인이 시험 도중 시험에 대한 포기 의사를 표현하는 경우
   나) 위생복, 위생모, 앞치마, 마스크를 착용하지 않은 경우
   다) 시험시간 내에 과제 두 가지를 제출하지 못한 경우
   라) 문제의 요구사항대로 과제의 수량이 만들어지지 않은 경우
   마) 완성품을 요구사항의 과제(요리)가 아닌 다른 요리(예, 달걀말이 → 달걀찜)로 만든 경우
   바) 불을 사용하여 만든 조리작품이 작품특성에 벗어나는 정도로 타거나 익지 않은 경우
   사) 해당과제의 지급재료 이외 재료를 사용하거나, 요구사항의 조리기구(석쇠 등)로 완성품을 조리하지 않은 경우
   아) 지정된 수험자지참준비물 이외의 조리기술에 영향을 줄 수 있는 기구를 사용한 경우
   자) 가스레인지 화구 2개 이상(2개 포함) 사용한 경우
   차) 시험 중 시설·장비(칼, 가스레인지 등) 사용 시 시험위원 및 타수험자의 시험 진행에 위해를 일으킬 것으로 시험위원 전원이 합의하여 판단한 경우
   카) 요구사항에 표시된 실격 및 부정행위에 해당하는 경우
7) 항목별 배점은 위생상태 및 안전관리 5점, 조리기술 30점, 작품의 평가 15점입니다.
8) 시험시작 전 가벼운 몸 풀기(스트레칭) 동작으로 긴장을 풀고 시험을 시작합니다.

 지급재료목록

- 양파(중, 150g 정도) ········ 1/4개
- 완두콩 ··················· 5알
- 셀러리 ··················· 30g
- 스파게티 ················· 2가닥
- 양배추 ··················· 40g
- 마늘(중, 깐것) ············ 1쪽
- 당근(둥근 모양이 유지되게 등분)
  ························· 40g
- 토마토(중, 150g 정도) ····· 1/8개
- 무 ······················· 10g
- 토마토 페이스트 ··········· 15g
- 베이컨(길이 25~30cm) ··· 1/2조각
- 버터(무염) ················ 5g
- 치킨스톡(물로 대체 가능) ·· 200ml
- 정향 ····················· 1개
- 월계수잎 ················· 1잎
- 소금(정제염) ·············· 2g
- 파슬리(잎, 줄기 포함) ····· 1줄기
- 검은 후춧가루 ············· 2g
- 스트링빈스(냉동, 채두 대체 가능)
  ························· 2줄기

만드는법

스파게티 삶기

재료 썰기

토마토 페이스트 넣어 볶기

물 부어 끓이기

01 냄비에 물을 올려 끓으면 스파게티를 넣고 삶아 1.2cm 길이로 자른다.

02 베이컨은 1.2×1.2cm로 썰어 끓는 물에 데쳐 기름기를 제거하고, 양파, 당근, 셀러리, 무, 양배추는 1.2×1.2×0.2cm 크기로 썬다. 토마토는 껍질과 씨를 제거한 후 같은 크기로 썬다.

03 마늘은 다지고, 파슬리는 잎만 모아 곱게 다져 면보에 싸서 물에 헹구어 물기를 꼭 짜서 파슬리 가루를 만든다.

04 월계수잎에 정향을 꽂아 준비한다.

05 냄비에 버터를 두르고 다진 마늘, 베이컨, 양파, 당근, 셀러리, 무, 양배추 순으로 볶은 뒤 토마토 페이스트를 넣고 약불에서 떫은 맛이 나지 않도록 충분히 볶는다.

06 05에 토마토를 넣어 볶으면서 물(치킨 스톡)과 월계수잎에 정향 꽂은 것을 넣고 거품과 기름을 걷어 내며 끓인다.

07 06에 스파게티와 스트링빈스, 완두콩을 넣어 다시 한번 끓인 후 월계수잎에 정향 꽂은 것을 건져내고 소금, 검은 후춧가루로 간을 한다.

08 완성그릇에 200ml 이상의 수프를 담고 파슬리 가루를 뿌려 낸다.

> **시험장에서의 조리작업순서**
>
> 재료 확인 → 재료 손질 → 스파게티 삶기 → 채소 썰기 → 토마토 썰기 → 마늘 다지기 → 파슬리 가루 만들기 → 월계수잎에 정향 꽂아 준비 → 볶기(냄비 + 버터 → 다진 마늘 → 베이컨 → 양파 → 당근 → 셀러리 → 무 → 양배추 → 토마토 페이스트 → 토마토) → 끓이기(물 + 월계수잎에 정향 꽂은 것 + 스파게티, 스트링빈스, 완두콩 + 소금, 검은 후춧가루) → 완성그릇에 담기(파슬리 가루 뿌리기)

참고사항

🟢 **썰기**
- 셀러리는 섬유질을 제거한 후 썬다.
- 채소의 크기는 일정하게 썬다.
- 시험장에서 지급된 채소의 양이 많을 경우는 필요한 양만큼만 사용한다.

🟢 **볶기**
- 토마토 페이스트는 약불에서 충분히 볶아야 신맛이 없어진다.

🟢 **끓이기**
- 끓이면서 떠오르는 거품과 기름을 잘 걷어내야 수프가 맑고 깨끗하다.
- 스트링빈스(껍질콩)와 완두콩은 캔제품이 지급되며 익은 것을 사용하는데, 스파게티와 함께 수프가 거의 익어갈 때 넣어 한소끔 끓여준다.

🟢 **그릇에 담기**
- 완성된 수프를 그릇에 담고 파슬리 가루를 중앙 쪽에 뿌려 낸다.

소스 | 시험시간 30분

11 브라운 그래비 소스
(Brown Gravy Sauce)

그래비(Gravy)란 육즙(고기국물)을 뜻하는 것으로, 브라운 그래비 소스는 육류를 철판에 구울 때 생긴 즙액의 진한 맛을 이용하여 만든 갈색의 걸쭉한 소스이다.

11 브라운 그래비 소스

요구사항

※ 주어진 재료를 사용하여 다음과 같이 [브라운 그래비 소스]를 만드시오.
가. 브라운 루(brown roux)를 만들어 사용하시오.
나. 채소와 토마토 페이스트를 볶아서 사용하시오.
다. 소스의 양은 200ml 이상을 만드시오.

수험자 유의사항 공통

1) 만드는 순서에 유의하며, 위생과 숙련된 기능평가를 위하여 조리작업 시 맛을 보지 않습니다.
2) 지정된 수험자지참준비물 이외의 조리기구나 재료를 시험장 내에 지참할 수 없습니다.
3) 지급재료는 시험 전 확인하여 이상이 있을 경우 시험위원으로부터 조치를 받고 시험 중에는 재료의 교환 및 추가지급은 하지 않습니다.
4) 요구사항의 규격은 "정도"의 의미를 포함하며, 지급된 재료의 크기에 따라 가감하여 채점합니다.
5) 위생복, 위생모, 앞치마를 착용하여야 하며, 시험장비·조리도구 취급 등 안전에 유의합니다.
6) 다음 사항은 실격에 해당하여 **채점 대상에서 제외**됩니다.
    가) 수험자 본인이 시험 도중 시험에 대한 포기 의사를 표현하는 경우
    나) 위생복, 위생모, 앞치마, 마스크를 착용하지 않은 경우
    다) 시험시간 내에 과제 두 가지를 제출하지 못한 경우
    라) 문제의 요구사항대로 과제의 수량이 만들어지지 않은 경우
    마) 완성품을 요구사항의 과제(요리)가 아닌 다른 요리(예, 달걀말이 → 달걀찜)로 만든 경우
    바) 불을 사용하여 만든 조리작품이 작품특성에 벗어나는 정도로 타거나 익지 않은 경우
    사) 해당과제의 지급재료 이외 재료를 사용하거나, 요구사항의 조리기구(석쇠 등)로 완성품을 조리하지 않은 경우
    아) 지정된 수험자지참준비물 이외의 조리기술에 영향을 줄 수 있는 기구를 사용한 경우
    자) 가스레인지 화구 2개 이상(2개 포함) 사용한 경우
    차) 시험 중 시설·장비(칼, 가스레인지 등) 사용 시 시험위원 및 타수험자의 시험 진행에 위해를 일으킬 것으로 시험위원 전원이 합의하여 판단한 경우
    카) 요구사항에 표시된 실격 및 부정행위에 해당하는 경우
7) 항목별 배점은 위생상태 및 안전관리 5점, 조리기술 30점, 작품의 평가 15점입니다.
8) 시험시작 전 가벼운 몸 풀기(스트레칭) 동작으로 긴장을 풀고 시험을 시작합니다.

지급재료목록

- 양파(중, 150g 정도) ········ 1/6개
- 당근(둥근 모양이 유지되게 등분) ················· 40g
- 셀러리 ······················· 20g
- 밀가루(중력분) ············· 20g
- 버터(무염) ··················· 30g
- 토마토 페이스트 ············· 30g
- 브라운 스톡(물로 대체 가능) 300ml
- 월계수잎 ······················ 1잎
- 정향 ·························· 1개
- 소금(정제염) ·················· 2g
- 검은 후춧가루 ················ 1g

만드는 법

채소 볶기

토마토 페이스트 넣어 볶기

브라운 루 풀기

소스 끓이기

01 양파, 당근, 셀러리는 길이 4cm, 두께 0.3cm정도로 채썬다.

02 셀러리에 월계수잎을 정향으로 고정시켜 부케가르니를 만든다.

03 팬에 버터를 두르고 양파, 당근, 셀러리를 갈색이 나도록 볶는다.

04 냄비에 버터를 넣고 녹으면 밀가루를 넣어 약한 불에서 짙은 갈색이 나도록 볶아 브라운 루(Brown roux)를 만든다.

05 브라운 루에 토마토 페이스트를 넣고 신맛과 떫은 맛이 나지 않도록 충분히 볶은 후 물(브라운 스톡)을 조금씩 넣어 멍울 없이 잘 푼다.

06 05에 볶아둔 양파, 당근, 셀러리와 부케가르니를 넣고 은근하게 푹 끓인다.

07 농도가 걸쭉해지면 부케가르니를 건져내고 소금, 검은 후춧가루로 간을 한 뒤 체에 걸러서 완성그릇에 담는다(200ml 이상).

시험장에서의 조리작업순서

재료 확인 → 재료 손질 → 채썰기(양파, 당근, 셀러리) → 부케가르니 만들기 → 볶기(팬 + 버터 + 양파 → 당근 → 셀러리) → 소스 만들기(냄비 + 버터 + 밀가루(브라운 루) → 토마토 페이스트→ 물(브라운스톡) → 볶은 채소 + 부케가르니) → 끓이기 → 간하기(소금, 검은 후춧가루) → 체에 내리기 → 완성그릇에 담기

참고사항

🔸 **채소 썰기**
- 양파, 당근, 셀러리를 길이 4cm, 두께 0.3cm 정도의 크기로 채썰어 볶아야 채소 끝이 타지 않는다.

🔸 **브라운루(Brown roux)**
- 약불에서 버터를 먼저 녹이고 동량의 밀가루를 넣어 나무주걱을 이용하여 서서히 볶아야 좋은 맛과 색깔을 얻을 수 있다.

🔸 **토마토 페이스트 넣기**
- 브라운 루에 토마토 페이스트를 넣을 때는 처음에는 불을 끄고 넣어도 브라운 루의 열기가 있어서 볶아지며 다시 약불로 천천히 볶아 신맛과 떫은 맛을 없애준다.
- 불이 세면 토마토 페이스트가 타므로 주의한다.

🔸 **끓이기**
- 채소의 맛이 충분히 우러나오도록 끓이며 도중에 기름과 거품은 잘 제거한다.

🔸 **거르기**
- 농도가 생긴 소스는 소금, 검은 후춧가루 간을 하여 체에 내리는데 시험장에서 너무 일찍 체에 내리면 소스가 되직해지므로 주의한다.

11 브라운 그래비 소스

소스 | 시험시간 25분

12 홀렌다이즈 소스
(Hollandaise Sauce)

홀렌다이즈 소스(Hollandaise sauce)는 버터 소스 중 대표적인 크림 형태의 네덜란드 소스이다. 네덜란드가 프랑스의 식민지일 때 프랑스에 바치던 버터가 소스 이름이 되었다. 아스파라거스나 브로콜리, 랍스터, 흰살생선요리에 이용된다.

 **요구사항**

※ 주어진 재료를 사용하여 다음과 같이 [홀렌다이즈 소스]를 만드시오.
가. 양파, 식초를 이용하여 허브에센스(herb essence)를 만들어 사용하시오.
나. 정제 버터를 만들어 사용하시오.
다. 소스는 중탕으로 만들어 굳지 않게 그릇에 담아내시오.
라. 소스는 100ml 이상 제출하시오.

수험자 유의사항 공통

1) 만드는 순서에 유의하며, 위생과 숙련된 기능평가를 위하여 조리작업 시 맛을 보지 않습니다.
2) 지정된 수험자지참준비물 이외의 조리기구나 재료를 시험장 내에 지참할 수 없습니다.
3) 지급재료는 시험 전 확인하여 이상이 있을 경우 시험위원으로부터 조치를 받고 시험 중에는 재료의 교환 및 추가지급은 하지 않습니다.
4) 요구사항의 규격은 "정도"의 의미를 포함하며, 지급된 재료의 크기에 따라 가감하여 채점합니다.
5) 위생복, 위생모, 앞치마를 착용하여야 하며, 시험장비·조리도구 취급 등 안전에 유의합니다.
6) 다음 사항은 실격에 해당하여 **채점 대상에서 제외**됩니다.
   가) 수험자 본인이 시험 도중 시험에 대한 포기 의사를 표현하는 경우
   나) 위생복, 위생모, 앞치마, 마스크를 착용하지 않은 경우
   다) 시험시간 내에 과제 두 가지를 제출하지 못한 경우
   라) 문제의 요구사항대로 과제의 수량이 만들어지지 않은 경우
   마) 완성품을 요구사항의 과제(요리)가 아닌 다른 요리(예, 달걀말이 → 달걀찜)로 만든 경우
   바) 불을 사용하여 만든 조리작품이 작품특성에 벗어나는 정도로 타거나 익지 않은 경우
   사) 해당과제의 지급재료 이외 재료를 사용하거나, 요구사항의 조리기구(석쇠 등)로 완성품을 조리하지 않은 경우
   아) 지정된 수험자지참준비물 이외의 조리기술에 영향을 줄 수 있는 기구를 사용한 경우
   자) 가스레인지 화구 2개 이상(2개 포함) 사용한 경우
   차) 시험 중 시설·장비(칼, 가스레인지 등) 사용 시 시험위원 및 타수험자의 시험 진행에 위해를 일으킬 것으로 시험위원 전원이 합의하여 판단한 경우
   카) 요구사항에 표시된 실격 및 부정행위에 해당하는 경우
7) 항목별 배점은 위생상태 및 안전관리 5점, 조리기술 30점, 작품의 평가 15점입니다.
8) 시험시작 전 가벼운 몸 풀기(스트레칭) 동작으로 긴장을 풀고 시험을 시작합니다.

지급재료목록

- 버터(무염) ··············· 200g
- 달걀 ························ 2개
- 양파(중, 150g 정도) ········ 1/8개
- 레몬(길이(장축)로 등분) ···· 1/4개
- 파슬리(잎, 줄기 포함) ······ 1줄기
- 검은 통후추 ··············· 3개
- 식초 ······················· 20ml
- 월계수잎 ··················· 1잎
- 소금(정제염) ··············· 2g
- 흰 후춧가루 ················ 1g

만드는법

허브에센스 만들기

허브에센스 거르기

정제버터 만들기

소스 만들기(중탕)

01 양파는 다지고 검은 통후추는 으깬다.

02 냄비에 다진 양파, 검은 통후추, 월계수잎, 파슬리 줄기, 식초와 물을 넣고 끓여 2큰술 정도가 되게 졸여서 면보에 걸러 허브 에센스를 만든다.

03 버터는 용기에 담아 냄비에 물을 넣고 그 위에 중탕으로 녹인다. 이때 버터에 물이 들어가지 않게 주의하며 표면에 뜬 거품을 제거하고 정제된 버터를 만든다.

04 물기 없는 볼에 달걀 노른자를 분리하여 둔다.

05 중탕하여 녹은 버터는 건져내고 그 냄비 위에 면보를 깔고 04의 볼을 얹는다(중탕으로 소스 만들기).

06 달걀 노른자를 거품기로 저어가며 허브에센스를 약간 넣어 거품기로 잘 저어주며 중탕하여 녹인 버터를 조금씩 넣어 주고 되직해지면 허브에센스를 넣어주기를 반복한다.

07 버터가 모두 들어가고 알맞은 농도가 되면 레몬즙을 넣고, 소금, 흰 후춧가루로 간을 맞추고 완성그릇에 담는다(소스는 100ml 이상 제출한다).

시험장에서의 조리작업순서

재료 확인 → 재료 손질 → 양파 다지고, 검은 통후추 으깨기 → 허브에센스 만들기(양파 + 검은 통후추 + 월계수잎 + 파슬리 + 식초 + 물 넣어 끓이기 → 면보에 거르기) → 버터 중탕 → 볼에 달걀 노른자 준비하기 → 소스 만들기(노른자 + 허브에센스 + 중탕버터 + 레몬즙 + 소금, 흰 후춧가루) → 완성그릇에 담기

참고사항

🌱 허브에센스
- 냄비에 다진 양파, 으깬 통후추, 월계수잎, 파슬리, 식초와 물을 넣어 끓일 때 센불에서 끓이지 말고 은근하게 끓여 2큰술 정도 되도록 졸여서 만든다.

🌱 버터 중탕
- 버터는 60℃ 정도의 물의 온도에서 중탕을 시키며 물이 버터에 들어가지 않도록 주의하면서 위에 떠오르는 거품을 걷어내고 정제된 버터를 분리시킨다.

🌱 소스 만들기
- 달걀 노른자를 담은 볼을 얹은 냄비가 78℃ 이상 올라가면 달걀 노른자가 익어서 덩어리가 지게 되므로 온도조절에 유의하며 온도가 너무 낮아도 분리된다.
- 농도가 발생하기까지는 정제버터를 조금씩 넣고 농도가 생기면 차츰 늘린다.

소스　　　　　　　　　　　　　　　　　　시험시간 30분

13 이탈리안 미트소스
(Halian Meat Sauce)

이탈리안 미트소스는 이탈리아 파스타(Pasta) 요리에 주로 사용되는 소스로 다진 소고기와 양파, 마늘 등의 채소를 볶으면서 토마토, 토마토 페이스트, 육수를 부어 끓인 소스이다.

요구사항

13 이탈리안 미트소스

※ 주어진 재료를 사용하여 다음과 같이 [이탈리안 미트소스]를 만드시오.
가. 모든 재료는 다져서 사용하시오.
나. 그릇에 담고 파슬리 다진 것을 뿌려내시오.
다. 소스는 150ml 이상 제출하시오.

 수험자 유의사항 공통

1) 만드는 순서에 유의하며, 위생과 숙련된 기능평가를 위하여 조리작업 시 맛을 보지 않습니다.
2) 지정된 수험자지참준비물 이외의 조리기구나 재료를 시험장 내에 지참할 수 없습니다.
3) 지급재료는 시험 전 확인하여 이상이 있을 경우 시험위원으로부터 조치를 받고 시험 중에는 재료의 교환 및 추가지급은 하지 않습니다.
4) 요구사항의 규격은 "정도"의 의미를 포함하며, 지급된 재료의 크기에 따라 가감하여 채점합니다.
5) 위생복, 위생모, 앞치마를 착용하여야 하며, 시험장비·조리도구 취급 등 안전에 유의합니다.
6) 다음 사항은 실격에 해당하여 **채점 대상에서 제외**됩니다.
   가) 수험자 본인이 시험 도중 시험에 대한 포기 의사를 표현하는 경우
   나) 위생복, 위생모, 앞치마, 마스크를 착용하지 않은 경우
   다) 시험시간 내에 과제 두 가지를 제출하지 못한 경우
   라) 문제의 요구사항대로 과제의 수량이 만들어지지 않은 경우
   마) 완성품을 요구사항의 과제(요리)가 아닌 다른 요리(예. 달걀말이 → 달걀찜)로 만든 경우
   바) 불을 사용하여 만든 조리작품이 작품특성에 벗어나는 정도로 타거나 익지 않은 경우
   사) 해당과제의 지급재료 이외 재료를 사용하거나, 요구사항의 조리기구(석쇠 등)로 완성품을 조리하지 않은 경우
   아) 지정된 수험자지참준비물 이외의 조리기술에 영향을 줄 수 있는 기구를 사용한 경우
   자) 가스레인지 화구 2개 이상(2개 포함) 사용한 경우
   차) 시험 중 시설·장비(칼, 가스레인지 등) 사용 시 시험위원 및 타수험자의 시험 진행에 위해를 일으킬 것으로 시험위원 전원이 합의하여 판단한 경우
   카) 요구사항에 표시된 실격 및 부정행위에 해당하는 경우
7) 항목별 배점은 위생상태 및 안전관리 5점, 조리기술 30점, 작품의 평가 15점입니다.
8) 시험시작 전 가벼운 몸 풀기(스트레칭) 동작으로 긴장을 풀고 시험을 시작합니다.

 지급재료목록

- 소고기(살코기 갈은 것) ········ 60g
- 양파(중, 150g 정도) ········ 1/2개
- 셀러리 ································ 30g
- 마늘(중, 깐 것) ···················· 1쪽
- 캔 토마토(고형물) ·············· 30g
- 토마토 페이스트 ················ 30g
- 월계수잎(Bay leaf) ·············· 1잎
- 파슬리(잎, 줄기 포함) ········ 1줄기
- 버터(무염) ························ 10g
- 소금(정제염) ······················ 2g
- 검은 후춧가루 ···················· 2g

만드는법

재료 다지기

재료 볶기

토마토 페이스트 넣기

물(육수) 넣기

01 양파와 셀러리, 마늘은 곱게 다진다.

02 토마토는 열십자로 칼집을 내어 끓는 물에 데치거나 불에 구워 껍질과 씨를 제거하고 잘게 다진다(단, 시험장에서 소량이 제출되므로 위 과정을 거치지 않고 껍질과 씨를 제거하고 사용해도 무방하다).

03 소고기가 덩어리로 나오면 기름기와 힘줄을 제거하고 곱게 다지고 다진 소고기가 나오면 다시 한번 다져서 준비한다.

04 파슬리는 잎만 모아 곱게 다져 면보에 싸서 물에 헹구어 물기를 꼭 짜서 파슬리 가루를 만든다.

05 냄비에 버터를 두르고 마늘, 양파, 셀러리 순으로 볶다가 다진 소고기를 넣어 볶는다.

06 05에 토마토 페이스트를 넣어 신맛과 떫은 맛이 없어지도록 충분히 볶아준 뒤 토마토 다진 것을 넣고 다시 한 번 볶아준 후 물과 월계수잎을 넣고 은근한 불에서 충분히 끓인다.

07 소스의 농도가 걸쭉해지면 월계수잎을 건져내고, 소금과 검은 후춧가루로 간을 하고 완성그릇에 150ml 이상 담은 후 파슬리 가루를 뿌려낸다.

• 시험장에서의 조리작업순서 •

재료 확인 → 재료 손질 → 다지기(양파, 셀러리, 마늘, 토마토, 소고기) → 파슬리 가루 만들기 → 볶기(냄비 + 버터 → 마늘 → 양파 → 셀러리 → 소고기 → 토마토 페이스트 → 토마토) → 끓이기(물 + 월계수잎) → 간하기(소금, 검은 후춧가루) → 완성그릇에 담기(파슬리 가루 뿌리기)

참고사항

🧩 다지기
- 양파, 셀러리, 마늘, 토마토, 소고기는 곱게 다져서 준비해야 소스가 거칠지 않다.

🧩 볶기
- 버터(기름)에 마늘을 먼저 볶아서 구수한 향이 소스 전체에 스며들도록 한다.
- 다진 재료를 볶을 때는 물기가 완전히 빠져나올 때까지 볶는다.

🧩 끓이기
- 끓이면서 위에 뜨는 거품과 기름은 제거하며 불의 세기는 중불에서 은근하게 끓인다.

소 | 시험시간 20분

14 타르타르소스
(Tartar Sauce)

타르타르소스는 주로 생선요리(생선튀김, 새우튀김)에 사용되는 소스로 마요네즈에 양파, 삶은 달걀, 오이피클, 파슬리, 피망 등을 다져 넣고 혼합하여 만든 소스이다.

14 타르타르소스

요구사항

※ 주어진 재료를 사용하여 다음과 같이 [타르타르소스]를 만드시오.
가. 다지는 재료는 0.2cm 정도의 크기로 하고 파슬리는 줄기를 제거하여 사용하시오.
나. 소스는 농도를 잘 맞추어 100ml 이상 제출하시오.

수험자 유의사항 공통

1) 만드는 순서에 유의하며, 위생과 숙련된 기능평가를 위하여 조리작업 시 맛을 보지 않습니다.
2) 지정된 수험자지참준비물 이외의 조리기구나 재료를 시험장 내에 지참할 수 없습니다.
3) 지급재료는 시험 전 확인하여 이상이 있을 경우 시험위원으로부터 조치를 받고 시험 중에는 재료의 교환 및 추가지급은 하지 않습니다.
4) 요구사항의 규격은 "정도"의 의미를 포함하며, 지급된 재료의 크기에 따라 가감하여 채점합니다.
5) 위생복, 위생모, 앞치마를 착용하여야 하며, 시험장비·조리도구 취급 등 안전에 유의합니다.
6) 다음 사항은 실격에 해당하여 **채점 대상에서 제외**됩니다.
   가) 수험자 본인이 시험 도중 시험에 대한 포기 의사를 표현하는 경우
   나) 위생복, 위생모, 앞치마, 마스크를 착용하지 않은 경우
   다) 시험시간 내에 과제 두 가지를 제출하지 못한 경우
   라) 문제의 요구사항대로 과제의 수량이 만들어지지 않은 경우
   마) 완성품을 요구사항의 과제(요리)가 아닌 다른 요리(예, 달걀말이 → 달걀찜)로 만든 경우
   바) 불을 사용하여 만든 조리작품이 작품특성에 벗어나는 정도로 타거나 익지 않은 경우
   사) 해당과제의 지급재료 이외 재료를 사용하거나, 요구사항의 조리기구(석쇠 등)로 완성품을 조리하지 않은 경우
   아) 지정된 수험자지참준비물 이외의 조리기술에 영향을 줄 수 있는 기구를 사용한 경우
   자) 가스레인지 화구 2개 이상(2개 포함) 사용한 경우
   차) 시험 중 시설·장비(칼, 가스레인지 등) 사용 시 시험위원 및 타수험자의 시험 진행에 위해를 일으킬 것으로 시험위원 전원이 합의하여 판단한 경우
   카) 요구사항에 표시된 실격 및 부정행위에 해당하는 경우
7) 항목별 배점은 위생상태 및 안전관리 5점, 조리기술 30점, 작품의 평가 15점입니다.
8) 시험시작 전 가벼운 몸 풀기(스트레칭) 동작으로 긴장을 풀고 시험을 시작합니다.

지급재료목록

- 양파(중, 150g 정도) 1/10개
- 오이피클(개당 25~30g 짜리) 1/2개
- 레몬(길이 장축으로 등분) .. 1/4개
- 달걀 1개
- 소금(정제염) 2g
- 마요네즈 70g
- 파슬리(잎, 줄기 포함) 1줄기
- 식초 2ml
- 흰 후춧가루 2g

만드는법

재료 다지기

양파 면보에 짜기

레몬즙 넣기

소스 버무리기

01 양파는 0.2cm 크기로 다져 소금을 살짝 뿌려 두었다가 면보에 꼭 짜고, 오이피클은 0.2cm 크기로 다진다.

02 달걀은 소금, 식초를 넣어 적정시간 모양이 유지되게 잘 삶아서 흰자는 0.2cm 크기로 다지고 노른자는 체에 내린다.

03 파슬리는 잎만 모아 곱게 다진 후 면보에 싸서 물에 헹구어 물기를 꼭 짜서 파슬리 가루를 만든다.

04 물기 없는 볼에 마요네즈를 담고 다진 양파, 오이피클, 달걀 노른자, 달걀 흰자, 파슬리 가루, 레몬즙, 소금, 흰 후춧가루를 넣고 잘 섞는다(식초를 넣기도 한다).

05 완성그릇에 타르타르소스를 100ml 이상 담고 파슬리 가루를 살짝 뿌려낸다.

> **시험장에서의 조리작업순서**
> 재료 확인 → 재료 손질 → 달걀 삶기 → 양파 다져서 소금에 절였다 짜기 → 오이피클 다지기 → 달걀 다지기 → 파슬리 가루 만들기 → 버무리기(마요네즈 + 다진 재료 + 파슬리 가루 + 소금, 흰 후춧가루 + 레몬즙) → 완성그릇에 담기(파슬리 가루 뿌리기)

참고사항

🌿 **다지기**
- 다른 재료보다 먼저 양파를 다져서 소금에 절였다 꼭 짜서 써야 매운맛도 없앨 수 있고 물기도 생기지 않는다.
- 그 외 재료들도 씹히는 감이 있도록 너무 곱게 다지지 말고 0.2cm로 다진다.

🌿 **혼합하기**
- 다져서 준비한 재료와 마요네즈의 양을 고려해서 혼합해야 알맞은 농도가 나오므로 준비된 내용물을 한꺼번에 넣지 말고 조금씩 여러 번 나누어 넣는 것이 좋다.

🌿 **담기**
- 완성된 소스는 그릇에 담고 수저 뒷면으로 소스 윗면을 편편하게 편 후 파슬리 가루를 살짝 뿌려낸다.

※ 시험장에서 달걀이 완숙이 되지 않아 실격처리 되는 경우가 많으니 삶는 시간에 유의한다.

샐러드와 드레싱 | 시험시간 20분

15 월도프 샐러드
(Waldorf Salad)

월도프 샐러드는 정방향으로 썬 사과, 셀러리, 호두를 마요네즈에 버무린 것이다. 샐러드는 신선한 과일이나 야채를 특별한 조리법 없이 샐러드 드레싱으로 끼얹어 주식요리에 곁들이거나 오늘날엔 전채요리에 이용되거나 주요리로서도 사용이 되고 있다.

요구사항

※ 주어진 재료를 사용하여 다음과 같이 [월도프 샐러드]를 만드시오.

가. 사과, 셀러리, 호두알을 1cm 정도의 크기로 써시오.
나. 사과의 껍질을 벗겨 변색되지 않게 하고 호두알의 속껍질을 벗겨 사용하시오.
다. 상추 위에 월도프 샐러드를 담아내시오.

 수험자 유의사항 공통

1) 만드는 순서에 유의하며, 위생과 숙련된 기능평가를 위하여 조리작업 시 맛을 보지 않습니다.
2) 지정된 수험자지참준비물 이외의 조리기구나 재료를 시험장 내에 지참할 수 없습니다.
3) 지급재료는 시험 전 확인하여 이상이 있을 경우 시험위원으로부터 조치를 받고 시험 중에는 재료의 교환 및 추가지급은 하지 않습니다.
4) 요구사항의 규격은 "정도"의 의미를 포함하며, 지급된 재료의 크기에 따라 가감하여 채점합니다.
5) 위생복, 위생모, 앞치마를 착용하여야 하며, 시험장비·조리도구 취급 등 안전에 유의합니다.
6) 다음 사항은 실격에 해당하여 **채점 대상에서 제외**됩니다.
    가) 수험자 본인이 시험 도중 시험에 대한 포기 의사를 표현하는 경우
    나) 위생복, 위생모, 앞치마, 마스크를 착용하지 않은 경우
    다) 시험시간 내에 과제 두 가지를 제출하지 못한 경우
    라) 문제의 요구사항대로 과제의 수량이 만들어지지 않은 경우
    마) 완성품을 요구사항의 과제(요리)가 아닌 다른 요리(예, 달걀말이 → 달걀찜)로 만든 경우
    바) 불을 사용하여 만든 조리작품이 작품특성에 벗어나는 정도로 타거나 익지 않은 경우
    사) 해당과제의 지급재료 이외 재료를 사용하거나, 요구사항의 조리기구(석쇠 등)로 완성품을 조리하지 않은 경우
    아) 지정된 수험자지참준비물 이외의 조리기술에 영향을 줄 수 있는 기구를 사용한 경우
    자) 가스레인지 화구 2개 이상(2개 포함) 사용한 경우
    차) 시험 중 시설·장비(칼, 가스레인지 등) 사용 시 시험위원 및 타수험자의 시험 진행에 위해를 일으킬 것으로 시험위원 전원이 합의하여 판단한 경우
    카) 요구사항에 표시된 실격 및 부정행위에 해당하는 경우
7) 항목별 배점은 위생상태 및 안전관리 5점, 조리기술 30점, 작품의 평가 15점입니다.
8) 시험시작 전 가벼운 몸 풀기(스트레칭) 동작으로 긴장을 풀고 시험을 시작합니다.

 지급재료목록

- 사과(200~250g 정도) ········· 1개
- 셀러리 ························· 30g
- 호두(중, 겉껍질 제거한 것) ·· 2개
- 레몬(길이(장축)로 등분) ···· 1/4개
- 이쑤시개(꼬치) ················ 1개
- 양상추(2잎 정도, 잎상추로 대체 가능) ···················· 20g
- 마요네즈 ······················· 60g
- 소금(정제염) ··················· 2g
- 흰 후춧가루 ···················· 1g

만드는법

셀러리 썰기

호두 속껍질 벗기기

사과 썰기

샐러드 버무리기

01 호두는 미지근한 물에 불리고, 양상추는 찬물에 담가둔다.

02 셀러리는 섬유질을 제거한 후 사방 1cm 크기로 썬다.

03 불린 호두는 속껍질을 이쑤시개를 이용하여 벗긴 후 사방 1cm 크기로 썰고 일부는 굵게 다진다.

04 사과는 깨끗이 씻어 껍질을 벗기고 씨를 제거한 후 사방 1cm 크기로 썰어(변색하지 않도록) 소금물이나 물에 레몬즙을 섞어 담가 놓는다.

05 양상추는 물기를 제거하고 적당한 크기로 손으로 뜯어 놓는다.

06 물기없는 볼에 마요네즈를 담고 레몬즙, 소금, 흰 후춧가루로 간을 맞추고 잘 섞은 후 물기 제거한 사과, 셀러리, 호두를 넣고 고루 버무린다.

07 완성그릇에 양상추를 깔고 버무린 샐러드를 담은 후 위에 굵게 다진 호두를 뿌려낸다.

시험장에서의 조리작업순서

재료 확인 → 재료 손질 → 호두 불리고, 양상추 물에 담그기 → 셀러리 썰기 → 호두 속 껍질 벗겨서 썰기 → 사과 썰기(소금물이나 물에 레몬즙을 섞어 담그기) → 양상추 물기 제거 → 버무리기(마요네즈 + 레몬즙 + 소금 + 흰 후춧가루(←1차 섞기) + 물기 제거한 사과 + 셀러리 + 호두(← 2차 섞기)) → 완성그릇에 담기(양상추 깔고 → 버무린 샐러드 놓고 → 다진 호두 뿌리기)

참고사항

🍀 썰기
- 사과는 변색을 막기 위해 소금물이나 물에 레몬즙을 섞어 담갔다가 물기를 제거하고 사용한다.
- 속 껍질을 제거한 호두를 2/3 가량은 1cm로 썰고 1/3은 굵게 다져서 사용한다.
- 셀러리는 질긴 섬유질을 제거한 후 사방 1cm로 썬다.

🍀 샐러드 버무리기
- 마요네즈를 많이 넣으면 샐러드가 질어지므로 속 재료의 양과 조절하여 사용한다.
- 호두의 양이 적을 때는 위에 뿌리지 않아도 좋다.

샐러드와 드레싱 | 시험시간 30분

16 포테이토 샐러드
(Potato Salad)

포테이토 샐러드는 정방향으로 썰어 삶은 감자와 다진 양파를 마요네즈에 버무린 가장 흔하게 이용되는 샐러드이다.

※ 주어진 재료를 사용하여 다음과 같이 [포테이토 샐러드]를 만드시오.
가. 감자는 껍질을 벗긴 후 1cm 정도의 정육면체로 썰어서 삶으시오.
나. 양파는 곱게 다져 매운맛을 제거하시오.
다. 파슬리는 다져서 사용하시오.

16 포테이토 샐러드

 ### 수험자 유의사항 공통

1) 만드는 순서에 유의하며, 위생과 숙련된 기능평가를 위하여 조리작업 시 맛을 보지 않습니다.
2) 지정된 수험자지참준비물 이외의 조리기구나 재료를 시험장 내에 지참할 수 없습니다.
3) 지급재료는 시험 전 확인하여 이상이 있을 경우 시험위원으로부터 조치를 받고 시험 중에는 재료의 교환 및 추가지급은 하지 않습니다.
4) 요구사항의 규격은 "정도"의 의미를 포함하며, 지급된 재료의 크기에 따라 가감하여 채점합니다.
5) 위생복, 위생모, 앞치마를 착용하여야 하며, 시험장비·조리도구 취급 등 안전에 유의합니다.
6) 다음 사항은 실격에 해당하여 **채점 대상에서 제외**됩니다.
   가) 수험자 본인이 시험 도중 시험에 대한 포기 의사를 표현하는 경우
   나) 위생복, 위생모, 앞치마, 마스크를 착용하지 않은 경우
   다) 시험시간 내에 과제 두 가지를 제출하지 못한 경우
   라) 문제의 요구사항대로 과제의 수량이 만들어지지 않은 경우
   마) 완성품을 요구사항의 과제(요리)가 아닌 다른 요리(예, 달걀말이 → 달걀찜)로 만든 경우
   바) 불을 사용하여 만든 조리작품이 작품특성에 벗어나는 정도로 타거나 익지 않은 경우
   사) 해당과제의 지급재료 이외 재료를 사용하거나, 요구사항의 조리기구(석쇠 등)로 완성품을 조리하지 않은 경우
   아) 지정된 수험자지참준비물 이외의 조리기술에 영향을 줄 수 있는 기구를 사용한 경우
   자) 가스레인지 화구 2개 이상(2개 포함) 사용한 경우
   차) 시험 중 시설·장비(칼, 가스레인지 등) 사용 시 시험위원 및 타수험자의 시험 진행에 위해를 일으킬 것으로 시험위원 전원이 합의하여 판단한 경우
   카) 요구사항에 표시된 실격 및 부정행위에 해당하는 경우
7) 항목별 배점은 위생상태 및 안전관리 5점, 조리기술 30점, 작품의 평가 15점입니다.
8) 시험시작 전 가벼운 몸 풀기(스트레칭) 동작으로 긴장을 풀고 시험을 시작합니다.

 ### 지급재료목록

- 감자(150g 정도) 1개
- 마요네즈 50g
- 흰 후춧가루 1g
- 양파(중, 150g 정도) 1/6개
- 소금(정제염) 5g
- 파슬리(잎, 줄기 포함) 1줄기

샐러드와 드레싱 | 115

만드는법

감자 썰기

감자 삶기

양파 다지기

샐러드 버무리기

01 감자 삶을 물을 미리 올려 준비한다.

02 감자는 깨끗이 씻은 후 껍질을 벗기고 사방 1cm 정도의 정육면체로 썬 다음 찬물에 헹궈 전분질을 제거한다.

03 끓는 물에 소금을 넣고 02의 감자를 넣어 삶아 건져 헹구지 말고 식힌다.

04 양파는 곱게 다져 소금을 약간 뿌려 두었다가 면보에 싸서 수분과 매운맛을 제거한다.

05 파슬리는 잎만 떼어 곱게 다진 후 면보에 싸서 물에 헹구어 꼭 짜서 파슬리 가루를 만든다.

06 물기 없는 볼에 마요네즈를 담고 양파, 소금, 흰 후춧가루를 넣어 고루 섞은 후 삶은 감자를 넣고 으스러지지 않게 버무린다.

07 완성그릇에 버무린 샐러드를 담은 후 파슬리 가루를 뿌려낸다.

시험장에서의 조리작업순서

재료 확인 → 재료 손질 → 감자 삶을 물 올리기 → 감자 썰어 씻기 → 소금물에 감자 삶기 → 익은 감자 체에 밭쳐 식히기 → 양파 다져 소금에 절였다 짜기 → 파슬리 가루 만들기 → 버무리기(마요네즈 + 다진 양파 + 소금 + 흰 후춧가루(먼저 버무린 후) → 삶은 감자 넣어 버무리기) → 완성그릇에 담기(파슬리 가루 뿌리기)

참고사항

🧢 썰기
- 감자는 깨끗이 씻은 후 물기를 제거하고 껍질을 벗겨 사방 1cm로 모양이 일정하게 썬다.
- 양파는 다져서 소금에 절였다 꼭 짜서 써야 매운맛도 제거되고 수분도 제거된다.

🧢 감자 삶기
- 끓는 물에 소금을 약간 넣고 삶아 체에 밭쳐 그대로 식힌다. 찬물에 헹구어 식히게 되면 버무린 후 물이 생긴다.
- 감자의 익은 정도는 이쑤시개로 찔러보아 알 수 있으며 너무 푹 삶으면 버무릴 때 부서지므로 주의한다.

🧢 샐러드 버무리기
- 마요네즈에 양파와 소금, 흰 후춧가루를 넣고 먼저 버무리고 나서 감자를 넣어 주어야 감자가 덜 으스러진다.
- 마요네즈는 너무 과하게 사용하지 않도록 한다.

샐러드와 드레싱 | 시험시간 30분

17 해산물 샐러드
(Sea-food Salad)

해산물의 맛과 샐러드 채소의 싱그러움이 새콤한 레몬 비네그레트와 어우러진 해산물 샐러드이다.

요구 사항

※ 주어진 재료를 사용하여 다음과 같이 [해산물 샐러드]를 만드시오.
가. 미르포아(mirepoix), 향신료, 레몬을 이용하여 쿠르부용(Court Bouillon)을 만드시오.
나. 해산물은 손질하여 쿠르부용(Court Bouillon)에 데쳐 사용하시오.
다. 샐러드 채소는 깨끗이 손질하여 싱싱하게 하시오.
라. 레몬 비네그레트는 양파, 레몬즙, 올리브 오일 등을 사용하여 만드시오.

17 해산물 샐러드

수험자 유의사항 공통

1) 만드는 순서에 유의하며, 위생과 숙련된 기능평가를 위하여 조리작업 시 맛을 보지 않습니다.
2) 지정된 수험자지참준비물 이외의 조리기구나 재료를 시험장 내에 지참할 수 없습니다.
3) 지급재료는 시험 전 확인하여 이상이 있을 경우 시험위원으로부터 조치를 받고 시험 중에는 재료의 교환 및 추가지급은 하지 않습니다.
4) 요구사항의 규격은 "정도"의 의미를 포함하며, 지급된 재료의 크기에 따라 가감하여 채점합니다.
5) 위생복, 위생모, 앞치마를 착용하여야 하며, 시험장비·조리도구 취급 등 안전에 유의합니다.
6) 다음 사항은 실격에 해당하여 **채점 대상에서 제외**됩니다.
   가) 수험자 본인이 시험 도중 시험에 대한 포기 의사를 표현하는 경우
   나) 위생복, 위생모, 앞치마, 마스크를 착용하지 않은 경우
   다) 시험시간 내에 과제 두 가지를 제출하지 못한 경우
   라) 문제의 요구사항대로 과제의 수량이 만들어지지 않은 경우
   마) 완성품을 요구사항의 과제(요리)가 아닌 다른 요리(예. 달걀말이 → 달걀찜)로 만든 경우
   바) 불을 사용하여 만든 조리작품이 작품특성에 벗어나는 정도로 타거나 익지 않은 경우
   사) 해당과제의 지급재료 이외 재료를 사용하거나, 요구사항의 조리기구(석쇠 등)로 완성품을 조리하지 않은 경우
   아) 지정된 수험자지참준비물 이외의 조리기술에 영향을 줄 수 있는 기구를 사용한 경우
   자) 가스레인지 화구 2개 이상(2개 포함) 사용한 경우
   차) 시험 중 시설·장비(칼, 가스레인지 등) 사용 시 시험위원 및 타수험자의 시험 진행에 위해를 일으킬 것으로 시험위원 전원이 합의하여 판단한 경우
   카) 요구사항에 표시된 실격 및 부정행위에 해당하는 경우
7) 항목별 배점은 위생상태 및 안전관리 5점, 조리기술 30점, 작품의 평가 15점입니다.
8) 시험시작 전 가벼운 몸 풀기(스트레칭) 동작으로 긴장을 풀고 시험을 시작합니다.

지급재료목록

[쿠르부용]
- 양파 ·············· 1/4개 중 3/4개
- 당근 ·············· 15g
- 셀러리 ·············· 10g
- 월계수잎 ·············· 1잎
- 흰 통후추(검은 통후추 대체가능) ·············· 3개
- 마늘 ·············· 1쪽
- 레몬 ·············· 1/4개 중 2/5개
- 실파 ·············· 1줄기

[해산물]
- 새우(30~40g) ·············· 3마리
- 관자살(개당 50~60g 정도, 해동 지급) ·············· 1개
- 피홍합(길이 7cm 이상) ·············· 3개
- 중합(모시조개, 백합 등 대체 가능, 지름 3cm 정도) ·············· 3개

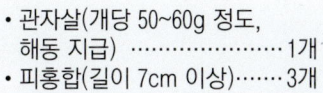

[샐러드 채소]
- 그린치커리 ·············· 2줄기
- 양상추 ·············· 10g
- 롤라로사 : 꽃(적)상추 대체 가능 ·············· 2잎
- 딜 ·············· 2줄기

[레몬 비네그레트]
- 양파 ·············· 1/4개 중 1/4개
- 레몬 ·············· 1/4개 중 3/5개
- 올리브오일 ·············· 20ml
- 식초 ·············· 10ml
- 소금(정제염) ·············· 5g
- 흰 후춧가루 ·············· 5g

샐러드와 드레싱 | 119

🥘 만드는법

해산물 손질

쿠르부용에 데치기

채소 손질

레몬 비네그레트 뿌리기

01 **(쿠르부용)** – 쿠르부용에 사용할 미르포아(양파, 당근, 셀러리)는 작은 주사위 모양으로 썰고 마늘은 으깨고, 실파는 2.5cm 길이로 썬다. 냄비에 물을 담고 양파, 당근, 셀러리, 마늘, 실파와 월계수 잎, 흰 통후추, 레몬 1쪽을 넣고 끓여 쿠르부용을 만든다.

02 **(해산물)** – 해산물용 새우는 소금물에 흔들어 씻어 등쪽의 내장을 제거하고, 새우 꼬리 끝의 검은색 부분에 물이 고여 있는 것을 말끔하게 긁어낸 후 쿠르부용에 넣어 삶아 바로 찬물에 식혀서 꼬리 1마디만 남기고 껍질을 벗긴다.

03 피홍합과 중합은 연한 소금물에 해감시킨 후 쿠르부용에 삶아 건져내어 식히고 껍질을 벌려 홍합살과 중합살을 꺼내 준비한다. 관자살은 질긴 막을 제거하고 0.3cm 두께로 원형 그대로 썰어 쿠르부용에 살짝 삶아 꺼내어 바로 식힌다.

04 **(샐러드 채소)** – 그린치커리, 양상추, 롤라로사, 딜은 적당한 크기로 손으로 떼어 찬물에 담가 싱싱하게 준비하여 물기를 제거한다.

05 **(레몬 비네그레트)** – 양파를 곱게 다져 물기를 제거하고 레몬즙과 올리브오일, 식초, 소금, 흰 후춧가루를 넣고 분리되지 않게 섞어 레몬 비네그레트를 만든다.

06 완성그릇에 채소와 데친 해산물을 담고 레몬 비네그레트를 뿌려 낸다.

🔷 **시험장에서의 조리작업순서**

재료 확인 → 쿠르부용 만들기 → 해산물 손질하기(새우〈내장 제거〉, 피홍합〈해감〉, 중합〈해감〉, 관자〈질긴 막 제거〉) → 쿠르부용에 삶기 → 데친 해산물 정리하기 → 샐러드채소 준비하여 찬물에 싱싱하게 살리기 → 레몬 비네그레트 만들기 → 완성그릇에 담기 → 레몬 비네그레트 뿌리기

참고사항

🧑‍🍳 쿠르부용
- 미르포아는 자연스럽게 작은 주사위 형태로 썰어 향신료와 레몬을 넣고 향긋하게 끓여 쿠르부용을 준비한다.
- 채소와 향신료의 맛이 우러나야 하므로 해산물 손질보다도 먼저 준비되어야 한다.
- 쿠르부용(Court-Bouillon)은 생선이나 해산물을 데치는 데 이용하는데 다양한 채소와 향신료를 물에 넣고 끓인 물로 포도주나 레몬 쥬스, 식초가 첨가될 수 있다.

🧑‍🍳 해산물 손질
- 관자, 피홍합, 새우 손질은 본문 p.47~49 참고
- 손질하여 데친 해산물의 모양을 내기 위해 새우는 머리 1개를 장식용으로 사용하고 피홍합과 중합은 작은 것으로 선택하여 껍질을 반으로 갈라 살이 붙어 있는 쪽 껍질을 1개씩 샐러드에 사용한다.

🧑‍🍳 레몬비네그레트
- 다진 양파와 레몬즙, 올리브오일을 1 : 2 : 1의 비율로 섞어 소금, 흰 후춧가루를 넣고 잘 섞어 분리되지 않도록 한다.

샐러드와 드레싱 | 시험시간 35분

18 시저 샐러드
(Caesar Salad)

시저 샐러드는 앤초비와 마늘, 파마산 치즈 등을 넣고 만든 독특한 향의 시저 드레싱을 사용하여 로메인 상추와 버무려 크루통과 구운 베이컨을 곁들인 샐러드로 이탈리아 계 미국인 시저 칼디니가 개발한 미국요리이다.

요구사항

※ 주어진 재료를 사용하여 다음과 같이 [시저 샐러드]를 만드시오.

가. 마요네즈(100g), 시저드레싱(100g), 시저 샐러드(전량)를 만들어 3가지를 각각 별도의 그릇에 담아 제출하시오.
나. 마요네즈(mayonnaise)는 달걀 노른자, 카놀라오일, 레몬즙, 디존 머스터드, 화이트와인식초를 사용하여 만드시오.
다. 시저드레싱(caesar dressing)은 마요네즈, 마늘, 앤초비, 검은 후춧가루, 파미지아노 레기아노, 올리브오일, 디존 머스터드, 레몬즙을 사용하여 만드시오.
라. 파미지아노 레기아노는 강판이나 채칼을 사용하시오.
마. 시저샐러드(caesar salad)는 로메인 상추, 곁들임(크루통(1cm x 1cm), 구운 베이컨(폭 0.5cm), 파미지아노 레기아노), 시저드레싱을 사용하여 만드시오.

18 시저 샐러드

 수험자 유의사항 공통

1) 만드는 순서에 유의하며, 위생과 숙련된 기능평가를 위하여 조리작업 시 맛을 보지 않습니다.
2) 지정된 수험자지참준비물 이외의 조리기구나 재료를 시험장 내에 지참할 수 없습니다.
3) 지급재료는 시험 전 확인하여 이상이 있을 경우 시험위원으로부터 조치를 받고 시험 중에는 재료의 교환 및 추가지급은 하지 않습니다.
4) 요구사항의 규격은 "정도"의 의미를 포함하며, 지급된 재료의 크기에 따라 가감하여 채점합니다.
5) 위생복, 위생모, 앞치마를 착용하여야 하며, 시험장비·조리도구 취급 등 안전에 유의합니다.
6) 다음 사항은 실격에 해당하여 **채점 대상에서 제외**됩니다.
   가) 수험자 본인이 시험 도중 시험에 대한 포기 의사를 표현하는 경우
   나) 위생복, 위생모, 앞치마, 마스크를 착용하지 않은 경우
   다) 시험시간 내에 과제 두 가지를 제출하지 못한 경우
   라) 문제의 요구사항대로 과제의 수량이 만들어지지 않은 경우
   마) 완성품을 요구사항의 과제(요리)가 아닌 다른 요리(예. 달걀말이 → 달걀찜)로 만든 경우
   바) 불을 사용하여 만든 조리작품이 작품특성에 벗어나는 정도로 타거나 익지 않은 경우
   사) 해당과제의 지급재료 이외 재료를 사용하거나, 요구사항의 조리기구(석쇠 등)로 완성품을 조리하지 않은 경우
   아) 지정된 수험자지참준비물 이외의 조리기술에 영향을 줄 수 있는 기구를 사용한 경우
   자) 가스레인지 화구 2개 이상(2개 포함) 사용한 경우
   차) 시험 중 시설·장비(칼, 가스레인지 등) 사용 시 시험위원 및 타수험자의 시험 진행에 위해를 일으킬 것으로 시험위원 전원이 합의하여 판단한 경우
   카) 요구사항에 표시된 실격 및 부정행위에 해당하는 경우
7) 항목별 배점은 위생상태 및 안전관리 5점, 조리기술 30점, 작품의 평가 15점입니다.
8) 시험시작 전 가벼운 몸 풀기(스트레칭) 동작으로 긴장을 풀고 시험을 시작합니다.

 지급재료목록

- 달걀(60g 정도/상온에 보관한 것) ······ 2개
- 디존 머스터드 ······ 10g
- 레몬 ······ 1개
- 로메인 상추 ······ 50g
- 마늘 ······ 1쪽
- 베이컨(규격 25~30cm) ······ 1조각
- 앤초비 ······ 3개
- 올리브오일(extra virgin) ······ 20ml
- 카놀라오일 ······ 300ml
- 식빵(슬라이스) ······ 1개
- 검은후춧가루 ······ 5g
- 파미지아노 레기아노(덩어리) ······ 20g
- 화이트와인식초 ······ 20ml
- 소금 ······ 10g

샐러드와 드레싱

마요네즈 만들기

시저 드레싱 만들기

샐러드 버무리기

샐러드 완성하기

만드는법

01 로메인 상추는 손으로 뜯어 생수에 담가 놓는다.

02 **마요네즈 만들기** – 볼에 달걀 노른자만 분리하여 넣고 디존 머스터드를 넣어 거품기로 잘 섞은 후 카놀라 오일을 조금씩 넣어 가며 농도가 나도록 젓는다. 되직하게 농도가 나올 때 소금, 레몬즙과 화이트 와인 식초를 조금씩 첨가하여 마요네즈를 만든다(완성된 마요네즈의 100g은 별도로 제출하고 나머지 마요네즈는 시저 드레싱 만드는데 사용한다).

03 **시저 드레싱 만들기** – 마늘과 앤초비는 각각 다지고, 파미지아노 레기아노는 강판이나 채칼을 사용하여 갈아 놓는다. 마요네즈에 다진마늘과 앤초비, 디존 머스터드, 레몬즙, 올리브 오일, 검은 후춧가루, 갈은 파미지아노 레기아노를 넣고 완전히 섞어 시저 드레싱을 완성한다(완성된 시저 드레싱의 100g은 별도로 제출하고 나머지 시저드레싱으로 시저 샐러드를 만든다).

04 **곁들임 만들기** – 크루통-식빵의 겉부분을 잘라내고 1cm×1cm의 정사각형의 네모썰기하여 오일에 황금색이 나도록 볶아 완성한다. 바삭한 식감을 잃지 않기 위해 제출 직전에 뿌린다. 구운 베이컨-베이컨을 폭 0.5cm로 썰어 팬에 볶아 기름을 완전히 빼놓는다. 파미지아노 레기아노-완성된 샐러드 위에 강판이나 채칼을 이용하여 뿌린다.

05 로메인 상추는 물기를 제거하고 볼에 넣고 시저드레싱을 부어 조리용 스푼과 포크로 가볍게 무쳐 완성그릇에 담고 준비된 크루통과 구운 베이컨을 샐러드와 어우러지게 충분히 뿌리고 파미지아노 레기아노를 강판이나 채칼을 이용하여 고루 뿌려 마무리한다.

06 완성된 시저 샐러드와 마요네즈(100g), 시저 드레싱(100g)을 각각 담아 제출한다.

> **시험장에서의 조리작업순서**
>
> 재료 확인 → 로메인 상추 손질 → 마요네즈 만들기(100g은 별도제출용으로 두기) → 시저드레싱 만들기(100g은 별도제출용으로 두기) → 곁들임 준비(식빵-크루통/베이컨-팬에 굽기/파미지아노 레기아노) → 물기 제거한 로메인 상추 시저드레싱에 버무리기 → 완성그릇에 담기 → 크루통과 구운 베이컨을 샐러드에 어우러지게 뿌리기 → 파미지아노 레기아노를 강판에 갈아서 샐러드 위에 뿌리기

참고사항

🌱 로메인 상추 손질
- 로메인 상추는 흐르는 물에 씻어서 냉수에 담가 싱싱하게 유지를 한 후 시저 드레싱에 버무릴 때는 물기를 충분히 제거하고 사용해야 물이 생기지 않는다.

🌱 마요네즈 만들기
- 볼에 달걀 노른자(2개분)와 디존 머스터드(5g)를 넣고 섞은 후 카놀라 오일(300ml)을 조금씩 넣어가며 일정한 속도로 저어 마요네즈를 만들어 간다. 오일을 넣는 속도와 젓는 속도가 같도록 해야 유분리가 생기지 않는다. 마요네즈가 크림상태가 되면 레몬즙(1/4개분)과 화이트와인 식초(20ml)를 넣어 농도조절을 하고 다시 카놀라 오일을 넣기를 반복하여 완성하고 소금으로 간을 한다(완성되는 마요네즈의 양은 대략 1C+2/3C 가량이 나온다). 완성된 마요네즈의 100g(1/2C)은 별도 제출하고 나머지 마요네즈로는 시저 드레싱을 만드는 데 사용한다.

🌱 시저 드레싱 만들기
- 마요네즈(별도 제출용 100g(1/2C)을 남겨 두고 남은 마요네즈)에 다진 마늘(1쪽)과 다진 앤초비(3쪽), 디존 머스터드(5g), 레몬즙(3/4개분), 올리브 오일(20ml), 검은 후춧가루, 갈은 파미지아노 레기아노(10g)를 넣고 완전히 섞어 시저 드레싱을 완성한다(완성되는 시저드레싱의 양은 대략 1C+1/4C 가량이 나온다). 완성된 시저드레싱의 100g(1/2C)은 별도 제출하고 나머지 시저드레싱으로 가감하여 샐러드를 버무릴 때 사용한다.

🌱 곁들임 만들기
- **크루통만들기** – 식빵의 겉부분을 잘라내고 1cm×1cm의 정사각형의 네모썰기하여 오일에 황금색이 나도록 볶아 완성한다.
- **구운 베이컨** – 베이컨을 폭 0.5cm로 썰어 팬에 볶아 기름을 완전히 빼놓는다.
- **파미지아노 레기아노** – 강판이나 채칼을 이용하여 샐러드 위에서 갈아준다.

🌱 시저 샐러드 완성하기
- 로메인 상추와 시저 드레싱을 제출 직전에 조리용 스푼과 포크로 4~6회 가볍게 버무려야 상추가 싱싱하고 물이 안 생긴다.
- 곁들임인 크루통과 구운 베이컨은 충분히 뿌려주고 파미지아노 레기아노는 강판이나 채칼을 사용하여 눈꽃이 내리듯 갈아준다.
- 파미지아노 레기아노는 치즈전용 강판(치즈그레이터)이나 채칼을 사용하여 갈아준다.

샐러드와 드레싱 | 시험시간 20분

19 사우전 아일랜드 드레싱
(Thousand island Dressing)

사우전 아일랜드 드레싱은 마요네즈와 토마토케첩을 핑크빛으로 섞은 후 삶은 달걀, 양파, 셀러리, 오이피클, 피망, 파슬리를 다져 넣어 버무린 드레싱으로 사우전(Thousand)은 '천'이고 아일랜드(Island)는 '섬'이란 뜻으로 재료를 모두 혼합해 놓았을 때 수많은 섬들이 모인 것처럼 보여서 붙여진 이름이다.

 ※ 주어진 재료를 사용하여 다음과 같이 **[사우전 아일랜드 드레싱]**을 만드시오.
가. 드레싱은 핑크빛이 되도록 하시오.
나. 다지는 재료는 0.2cm 정도의 크기로 하시오.
다. 드레싱은 농도를 잘 맞추어 100ml 이상 제출하시오.

19 사우전 아일랜드 드레싱

 ### 수험자 유의사항 공통

1) 만드는 순서에 유의하며, 위생과 숙련된 기능평가를 위하여 조리작업 시 맛을 보지 않습니다.
2) 지정된 수험자지참준비물 이외의 조리기구나 재료를 시험장 내에 지참할 수 없습니다.
3) 지급재료는 시험 전 확인하여 이상이 있을 경우 시험위원으로부터 조치를 받고 시험 중에는 재료의 교환 및 추가지급은 하지 않습니다.
4) 요구사항의 규격은 "정도"의 의미를 포함하며, 지급된 재료의 크기에 따라 가감하여 채점합니다.
5) 위생복, 위생모, 앞치마를 착용하여야 하며, 시험장비·조리도구 취급 등 안전에 유의합니다.
6) 다음 사항은 실격에 해당하여 **채점 대상에서 제외**됩니다.
   가) 수험자 본인이 시험 도중 시험에 대한 포기 의사를 표현하는 경우
   나) 위생복, 위생모, 앞치마, 마스크를 착용하지 않은 경우
   다) 시험시간 내에 과제 두 가지를 제출하지 못한 경우
   라) 문제의 요구사항대로 과제의 수량이 만들어지지 않은 경우
   마) 완성품을 요구사항의 과제(요리)가 아닌 다른 요리(예, 달걀말이 → 달걀찜)로 만든 경우
   바) 불을 사용하여 만든 조리작품이 작품특성에 벗어나는 정도로 타거나 익지 않은 경우
   사) 해당과제의 지급재료 이외 재료를 사용하거나, 요구사항의 조리기구(석쇠 등)로 완성품을 조리하지 않은 경우
   아) 지정된 수험자지참준비물 이외의 조리기술에 영향을 줄 수 있는 기구를 사용한 경우
   자) 가스레인지 화구 2개 이상(2개 포함) 사용한 경우
   차) 시험 중 시설·장비(칼, 가스레인지 등) 사용 시 시험위원 및 타수험자의 시험 진행에 위해를 일으킬 것으로 시험위원 전원이 합의하여 판단한 경우
   카) 요구사항에 표시된 실격 및 부정행위에 해당하는 경우
7) 항목별 배점은 위생상태 및 안전관리 5점, 조리기술 30점, 작품의 평가 15점입니다.
8) 시험시작 전 가벼운 몸 풀기(스트레칭) 동작으로 긴장을 풀고 시험을 시작합니다.

 ### 지급재료목록

- 달걀 ·················· 1개
- 양파(중, 150g 정도) ········ 1/6개
- 토마토케첩 ············· 20g
- 오이피클(개당 25~30g짜리) ······· 1/2개
- 청피망(중, 75g 정도) ········ 1/4개
- 마요네즈 ··············· 70g
- 레몬(길이(장축)로 등분) ····· 1/4개
- 식초 ················· 10ml
- 소금(정제염) ············· 2g
- 흰 후춧가루 ············· 1g

샐러드와 드레싱 | 127

만드는법

재료 다지기

양파 면보에 짜기

드레싱 혼합하기

드레싱 완성하기

01 양파는 0.2cm 크기로 다져서 소금을 살짝 뿌려두었다가 면보에 꼭 짜서 수분을 제거한다.

02 청피망, 오이피클도 0.2cm 크기로 다진다.

03 달걀은 소금 식초를 넣어 적정시간 모양이 유지되게 잘 삶아서 흰자는 0.2cm 크기로 다지고 노른자는 체에 내린다.

04 물기 없는 볼에 마요네즈와 토마토케첩을 섞어 핑크빛으로 맞추고 여기에 다진 재료를 모두 넣은 후 레몬즙, 식초, 소금, 흰 후춧가루를 넣고 고루 섞는다.

05 완성그릇에 드레싱을 담는다(드레싱은 100ml 이상 담아낸다).

 시험장에서의 조리작업순서

재료 확인 → 재료 손질 → 달걀 삶기 → 양파는 다져서 소금에 절였다 꼭 짜기 → 피망, 오이피클, 달걀 다지기 → 버무리기(마요네즈 + 토마토케첩 + 다진 재료 + 소금 + 흰 후춧가루 + 레몬즙) → 완성그릇에 담기

참고사항

🌱 다지기

- 양파는 0.2cm 크기로 다져서 소금에 절였다 면보에 물기를 꼭 짜서 사용해야 양파의 매운 맛과 수분을 제거할 수 있다.
- 양파와 다른 재료를 씹히는 맛이 있도록 너무 곱게 다지지 말고 0.2cm 정도의 크기로 다져서 사용한다.

🌱 드레싱 버무리기

- 마요네즈와 토마토케첩은 3 : 1의 비율로 핑크빛을 맞춘다.
- 마요네즈와 토마토케첩 섞은 것과 속재료를 혼합해 놓았을 때 농도는 약간 흐르듯이 해야 한다.

🌱 완성 그릇에 담기

- 완성된 드레싱은 그릇에 담고 숟가락 뒷면으로 드레싱 윗면을 편편하게 편다.

※ 시험장에서 달걀이 완숙이 되지않아 실격처리 되는 경우가 많으니 삶는 시간에 유의한다.

19 사우전 아일랜드 드레싱

생선요리 | 시험시간 25분

20 프렌치 프라이드 쉬림프
(French Fried Shrimp)

프렌치 프라이드 쉬림프는 프랑스식 튀김으로 밀가루 반죽에 달걀 흰자 거품을 섞어 만든 반죽을 입혀 새우를 매끈하게 튀겨낸 방법이다.

 **요구 사항**

※ 주어진 재료를 사용하여 다음과 같이 [프렌치 프라이드 쉬림프]를 만드시오.
가. 새우는 꼬리쪽에서 1마디 정도 껍질을 남겨 구부러지지 않게 튀기시오.
나. 달걀흰자를 분리하여 거품을 내어 튀김반죽에 사용하시오.
다. 새우튀김은 4개를 제출하시오.
라. 레몬과 파슬리를 곁들이시오.

20 프렌치 프라이드 쉬림프

 수험자 유의사항 공통

1) 만드는 순서에 유의하며, 위생과 숙련된 기능평가를 위하여 조리작업 시 맛을 보지 않습니다.
2) 지정된 수험자지참준비물 이외의 조리기구나 재료를 시험장 내에 지참할 수 없습니다.
3) 지급재료는 시험 전 확인하여 이상이 있을 경우 시험위원으로부터 조치를 받고 시험 중에는 재료의 교환 및 추가지급은 하지 않습니다.
4) 요구사항의 규격은 "정도"의 의미를 포함하며, 지급된 재료의 크기에 따라 가감하여 채점합니다.
5) 위생복, 위생모, 앞치마를 착용하여야 하며, 시험장비·조리도구 취급 등 안전에 유의합니다.
6) 다음 사항은 실격에 해당하여 **채점 대상에서 제외**됩니다.
    가) 수험자 본인이 시험 도중 시험에 대한 포기 의사를 표현하는 경우
    나) 위생복, 위생모, 앞치마, 마스크를 착용하지 않은 경우
    다) 시험시간 내에 과제 두 가지를 제출하지 못한 경우
    라) 문제의 요구사항대로 과제의 수량이 만들어지지 않은 경우
    마) 완성품을 요구사항의 과제(요리)가 아닌 다른 요리(예. 달걀말이 → 달걀찜)로 만든 경우
    바) 불을 사용하여 만든 조리작품이 작품특성에 벗어나는 정도로 타거나 익지 않은 경우
    사) 해당과제의 지급재료 이외 재료를 사용하거나, 요구사항의 조리기구(석쇠 등)로 완성품을 조리하지 않은 경우
    아) 지정된 수험자지참준비물 이외의 조리기술에 영향을 줄 수 있는 기구를 사용한 경우
    자) 가스레인지 화구 2개 이상(2개 포함) 사용한 경우
    차) 시험 중 시설·장비(칼, 가스레인지 등) 사용 시 시험위원 및 타수험자의 시험 진행에 위해를 일으킬 것으로 시험위원 전원이 합의하여 판단한 경우
    카) 요구사항에 표시된 실격 및 부정행위에 해당하는 경우
7) 항목별 배점은 위생상태 및 안전관리 5점, 조리기술 30점, 작품의 평가 15점입니다.
8) 시험시작 전 가벼운 몸 풀기(스트레칭) 동작으로 긴장을 풀고 시험을 시작합니다.

 지급재료목록

- 새우(50~60g) ············· 4마리
- 달걀 ························· 1개
- 레몬(길이(장축)로 등분) ···· 1/6개
- 파슬리(잎, 줄기 포함) ······· 1줄기
- 밀가루(중력분) ············· 80g
- 이쑤시개(꼬치) ·············· 1개
- 소금(정제염) ················ 2g
- 흰 후춧가루 ················· 2g
- 식용유 ···················· 500ml
- 백설탕 ······················ 2g
- 냅킨(흰색, 기름제거용) ······ 2장

만드는법

새우 내장 제거하기

새우 칼집 넣기

튀김 반죽 만들기

새우 튀기기

01 파슬리는 깨끗이 씻어 찬물에 담가 준비한다.

02 새우는 소금물에 씻어 체에 밭쳐둔 후 손질한다.

03 새우는 머리에서 2~3번째 마디에 있는 내장을 이쑤시개를 이용해 제거한 후 머리를 떼어낸다. 꼬리쪽의 한 마디를 남기고 껍질을 벗긴 후 꼬리에 달린 물총(물주머니)을 제거하고 꼬리부분을 V자로 자른다.

04 손질된 새우의 배쪽에 사선으로 3~4회의 칼집을 넣은 다음 바로 눕혀 손으로 새우의 모양을 휘지 않도록 잡아주고 소금, 흰 후춧가루로 간을 한다.

05 레몬은 씨와 피막을 제거하고 양끝을 사선으로 자른다.

06 달걀은 흰자와 노른자를 분리하여 물기없는 볼에 흰자를 넣고 거품을 낸다.

07 튀김기름의 온도를 165~175℃로 올려 준비한다.

08 (튀김옷 반죽 만들기) - 찬물 1큰술 + 달걀 노른자 1큰술 + 백설탕 약간을 먼저 거품기로 잘 섞은 후 + 밀가루 3큰술을 체에 쳐서 넣고 거품기로 가볍게 섞는다. 밀가루가 섞이면 달걀 흰자거품 2큰술 정도를 넣어 가볍게 다시 한번 섞는다.

09 새우의 수분을 완전히 제거한 뒤 꼬리쪽 첫마디를 남기고 밀가루를 살짝 묻히고 다시 튀김옷을 골고루 묻혀 구부러지지 않게 튀긴다.

10 튀긴 새우는 냅킨에 옮겨 기름을 뺀다.

11 완성그릇에 튀긴 새우를 담고 레몬과 파슬리로 장식한다.

● 시험장에서의 조리작업순서 ●

재료 확인 → 재료 손질 → 파슬리 찬물에 담그기 → 새우 손질(내장 손질 → 머리 제거 → 껍질, 물총 제거 → 꼬리부분 V자로 자르기 → 어슷하게 칼집 넣기 → 소금, 흰 후춧가루 밑간) → 레몬 손질 → 달걀흰자 거품 → 튀김기름 온도 맞추기 → 튀김옷 반죽 만들기(찬물 1큰술 + 달걀노른자 1큰술 + 설탕 약간 + 밀가루 3큰술 + 달걀흰자 거품 2큰술) → 새우 수분 제거 → 새우 밀가루 묻히기 → 새우 튀김옷 입히기 → 튀기기(165~175℃) → 튀긴 새우 종이타월에 기름 빼기 → 완성그릇에 담기(튀긴새우 + 레몬, 파슬리 장식)

참고사항

🔶 새우 손질
- 새우의 내장 제거는 등쪽 2~3번째 마디에서 제거하며 튀겼을 때 구부러지지 않게 하기 위해 배쪽에 칼집을 어슷하게 3~4번 넣어준 후 휘지 않도록 펴준다.
- 새우의 물총(물주머니)을 제거하지 않으면 튀길 때 기름이 튀므로 제거해야 한다.

🔶 튀김옷 반죽
- 튀김에는 밀가루 박력분을 사용해야 튀김이 바삭하며 찬물(얼음물)로 반죽하면 글루텐 형성을 방해해서 바삭한 튀김을 만들 수 있다.
- 찬물 1큰술 + 노른자 1큰술 + 설탕 약간을 먼저 거품기로 잘 풀어준다. 이때 설탕은 반죽이 부푸는 역할을 해준다. 그리고 밀가루 3큰술을 넣는데 이 때 밀가루를 체에 쳐서 넣어야 뭉치는 것도 막고 공기도 함께 들어가서 반죽이 잘 부푼다. 밀가루를 넣고는 거품기로 가볍게 섞는다. 많이 젓게 되면 글루텐이 형성되어 반죽이 질겨진다. 마지막으로 달걀 흰자거품 2큰술을 넣고 거품이 삭지 않도록 가볍게 살짝 혼합한다.
- 튀김반죽을 미리 준비하면 옷이 질겨지므로 튀김하기 직전에 반죽을 만든다.

🔶 튀기기
- 새우에 밀가루를 입히고 튀김옷을 골고루 묻혀 165~175℃에 튀긴다.
- 시험장에서 튀김기름이 많이 지급되지 않을 때는 후라이팬에 기름을 담고 기울여서 한번에 1마리에서 2마리씩 튀겨낸다.

주 요리

시험시간 40분

21 바베큐 폭찹
(Barbecued Pork Chop)

바베큐(Barbecued)란 '통째로 굽는다'는 뜻으로 통구이나 직화로 굽는 것을 뜻하고 폭(Pork)은 돼지고기, 찹(chop)은 갈비뼈가 붙은 고기를 의미한다. 여기서 바베큐 폭찹은 돼지갈비를 잘 펴서 밑간한 후 밀가루를 입혀 팬에 노릇노릇하게 지져서 새콤, 달콤, 매콤한 바베큐 소스에 윤기나게 조려낸 요리이다.

요구사항

※ 주어진 재료를 사용하여 다음과 같이 [바베큐 폭찹]을 만드시오.
가. 고기는 뼈가 붙은 채로 사용하고 고기의 두께는 1cm 정도로 하시오.
나. 양파, 셀러리, 마늘은 다져 소스로 만드시오.
다. 완성된 소스는 농도에 유의하고 윤기가 나도록 하시오.

21 바베큐 폭찹

수험자 유의사항 공통

1) 만드는 순서에 유의하며, 위생과 숙련된 기능평가를 위하여 조리작업 시 맛을 보지 않습니다.
2) 지정된 수험자지참준비물 이외의 조리기구나 재료를 시험장 내에 지참할 수 없습니다.
3) 지급재료는 시험 전 확인하여 이상이 있을 경우 시험위원으로부터 조치를 받고 시험 중에는 재료의 교환 및 추가지급은 하지 않습니다.
4) 요구사항의 규격은 "정도"의 의미를 포함하며, 지급된 재료의 크기에 따라 가감하여 채점합니다.
5) 위생복, 위생모, 앞치마를 착용하여야 하며, 시험장비·조리도구 취급 등 안전에 유의합니다.
6) 다음 사항은 실격에 해당하여 **채점 대상에서 제외**됩니다.
   가) 수험자 본인이 시험 도중 시험에 대한 포기 의사를 표현하는 경우
   나) 위생복, 위생모, 앞치마, 마스크를 착용하지 않은 경우
   다) 시험시간 내에 과제 두 가지를 제출하지 못한 경우
   라) 문제의 요구사항대로 과제의 수량이 만들어지지 않은 경우
   마) 완성품을 요구사항의 과제(요리)가 아닌 다른 요리(예. 달걀말이 → 달걀찜)로 만든 경우
   바) 불을 사용하여 만든 조리작품이 작품특성에 벗어나는 정도로 타거나 익지 않은 경우
   사) 해당과제의 지급재료 이외 재료를 사용하거나, 요구사항의 조리기구(석쇠 등)로 완성품을 조리하지 않은 경우
   아) 지정된 수험자지참준비물 이외의 조리기술에 영향을 줄 수 있는 기구를 사용한 경우
   자) 가스레인지 화구 2개 이상(2개 포함) 사용한 경우
   차) 시험 중 시설·장비(칼, 가스레인지 등) 사용 시 시험위원 및 타수험자의 시험 진행에 위해를 일으킬 것으로 시험위원 전원이 합의하여 판단한 경우
   카) 요구사항에 표시된 실격 및 부정행위에 해당하는 경우
7) 항목별 배점은 위생상태 및 안전관리 5점, 조리기술 30점, 작품의 평가 15점입니다.
8) 시험시작 전 가벼운 몸 풀기(스트레칭) 동작으로 긴장을 풀고 시험을 시작합니다.

지급재료목록

- 돼지갈비(살 두께 5cm 이상, 뼈를 포함한 길이 10cm) ············ 200g
- 양파(중, 150g 정도) ········ 1/4개
- 셀러리 ······················ 30g
- 마늘(중, 깐 것) ·············· 1쪽
- 밀가루(중력분) ············· 10g
- 토마토케첩 ················· 30g
- 황설탕 ······················ 10g
- 비프스톡(육수, 물로 대체 가능) ························ 200ml
- 핫소스 ······················ 5ml
- 우스터소스 ················· 5ml
- 식초 ························ 10ml
- 레몬(길이(장축)로 등분) ··· 1/6개
- 버터(무염) ·················· 10g
- 식용유 ······················ 30ml
- 월계수잎 ···················· 1잎
- 소금(정제염) ················ 2g
- 검은 후춧가루 ··············· 2g

만드는법

갈비뼈에 붙은살 펼치기

팬에 지지기

소스 만들기

돼지갈비 넣어 조리기

01 돼지갈비는 기름기를 제거하고 뼈를 붙여서 1cm 두께가 약간 못 되게 펼쳐 잔 칼집을 넣고 소금과 검은 후춧가루로 밑간을 한다.

02 마늘, 양파와 셀러리는 약간 입자가 있게 다진다.

03 밑간이 된 01의 돼지갈비는 밀가루를 앞, 뒤로 골고루 묻힌 다음, 여분의 가루는 털어낸다.

04 팬에 식용유와 버터를 두르고 돼지갈비를 앞, 뒤로 노릇하게 지진다.

05 냄비에 버터를 두르고 다진 마늘, 양파와 셀러리를 충분히 볶은 후 분량의 토마토케첩을 넣어 볶는다. 여기에 물(비프 스톡), 황설탕, 우스터소스, 핫소스, 레몬즙, 식초, 월계수잎을 넣고 끓으면 노릇하게 지진 돼지갈비를 넣어 끓인다.

06 거품은 제거하고 소스를 돼지갈비 위에 끼얹어 가면서 조린다. 고기가 익고 소스가 졸아들면 월계수잎을 건져내고 소금과 검은 후춧가루로 간을 한다.

07 완성그릇에 돼지갈비를 담고 소스를 흐르듯 살짝 끼얹는다.

> **시험장에서의 조리작업순서**
> 재료 확인 → 재료 손질 → 돼지갈비 손질과 밑간 → 마늘, 양파, 셀러리 다지기 → 돼지갈비 밀가루 묻혀 지지기 → 바베큐소스 만들기(냄비 + 버터 + 마늘, 양파, 셀러리 + 물 + 황설탕 + 우스터소스 + 핫소스 + 레몬즙 + 식초 + 월계수잎) → 바베큐소스에 돼지갈비 넣어 조리기 → 월계수잎 건져 내기 → 소금, 검은 후춧가루 밑간 → 완성그릇에 담기

참고사항

🔖 돼지갈비 손질(본문 교재 p.44 참고)
- 돼지갈비는 뼈와 살이 떨어지지 않도록 기름기를 제거하고 모양을 잡은 후 칼집을 넣어 오그라드는 것을 방지한다. 익은 고기는 약간 두꺼워지므로 손질된 고기의 두께가 1cm가 약간 못되게 잡는다.

🔖 썰기
- 마늘, 양파와 셀러리는 곱게 다져서 사용한다.

🔖 지지기
- 돼지고기는 약불에서 지지면 육즙이 나오므로 불조절을 잘하고 소스에 들어가서 완전히 익힐 것이기 때문에 표면만 먹음직스러운 갈색이 나면 된다.

🔖 담기
- 바베큐소스의 맛은 새콤하고, 달콤하고, 매콤한 맛이 나도록 맛을 내야 하며 소스의 농도가 너무 되게 졸여지지 않도록 주의한다.

주 요리   시험시간 40분

22 비프 스튜
(Beef Stew)

스튜는 우리나라의 찜과 비슷한 요리로 육류와 채소를 정방향으로 썰어 버터에 볶다가 브라운 소스를 넣고 불에서 뭉근히 끓인 요리이다. 주재료에 따라 소고기 스튜(Beef Stew), 돼지고기 스튜(Pork Stew), 텅 스튜(Tung Stew) 등이 있으며 사용한 소스에 따라 화이트 스튜(White stew), 브라운 스튜(Brown Stew) 등으로 나뉜다.

요구 사항

※ 주어진 재료를 사용하여 다음과 같이 [비프 스튜]를 만드시오.
가. 완성된 소고기와 채소의 크기는 1.8cm 정도의 정육면체로 하시오.
나. 브라운 루(brown roux)를 만들어 사용하시오.
다. 파슬리 다진 것을 뿌려 내시오.

22 비프 스튜

 수험자 유의사항 공통

1) 만드는 순서에 유의하며, 위생과 숙련된 기능평가를 위하여 조리작업 시 맛을 보지 않습니다.
2) 지정된 수험자지참준비물 이외의 조리기구나 재료를 시험장 내에 지참할 수 없습니다.
3) 지급재료는 시험 전 확인하여 이상이 있을 경우 시험위원으로부터 조치를 받고 시험 중에는 재료의 교환 및 추가지급은 하지 않습니다.
4) 요구사항의 규격은 "정도"의 의미를 포함하며, 지급된 재료의 크기에 따라 가감하여 채점합니다.
5) 위생복, 위생모, 앞치마를 착용하여야 하며, 시험장비·조리도구 취급 등 안전에 유의합니다.
6) 다음 사항은 실격에 해당하여 **채점 대상에서 제외**됩니다.
   가) 수험자 본인이 시험 도중 시험에 대한 포기 의사를 표현하는 경우
   나) 위생복, 위생모, 앞치마, 마스크를 착용하지 않은 경우
   다) 시험시간 내에 과제 두 가지를 제출하지 못한 경우
   라) 문제의 요구사항대로 과제의 수량이 만들어지지 않은 경우
   마) 완성품을 요구사항의 과제(요리)가 아닌 다른 요리(예, 달걀말이 → 달걀찜)로 만든 경우
   바) 불을 사용하여 만든 조리작품이 작품특성에 벗어나는 정도로 타거나 익지 않은 경우
   사) 해당과제의 지급재료 이외 재료를 사용하거나, 요구사항의 조리기구(석쇠 등)로 완성품을 조리하지 않은 경우
   아) 지정된 수험자지참준비물 이외의 조리기술에 영향을 줄 수 있는 기구를 사용한 경우
   자) 가스레인지 화구 2개 이상(2개 포함) 사용한 경우
   차) 시험 중 시설·장비(칼, 가스레인지 등) 사용 시 시험위원 및 타수험자의 시험 진행에 위해를 일으킬 것으로 시험위원 전원이 합의하여 판단한 경우
   카) 요구사항에 표시된 실격 및 부정행위에 해당하는 경우
7) 항목별 배점은 위생상태 및 안전관리 5점, 조리기술 30점, 작품의 평가 15점입니다.
8) 시험시작 전 가벼운 몸 풀기(스트레칭) 동작으로 긴장을 풀고 시험을 시작합니다.

 지급재료목록

- 소고기(살코기 덩어리) ········ 100g
- 양파(중, 150g 정도) ········ 1/4개
- 당근(둥근 모양이 유지되게 등분) ········ 70g
- 셀러리 ········ 30g
- 감자(150g 정도) ········ 1/3개
- 마늘(중, 깐 것) ········ 1쪽
- 밀가루(중력분) ········ 25g
- 토마토 페이스트 ········ 20g
- 파슬리(잎, 줄기 포함) ········ 1줄기
- 월계수잎 ········ 1잎
- 정향 ········ 1개
- 소금(정제염) ········ 2g
- 버터(무염) ········ 30g
- 검은 후춧가루 ········ 2g

만드는법

채소 썰기

소고기 볶기

토마토 페이스트 넣어 볶기

비프 스튜 끓이기

01 소고기는 종이타월에 핏물을 제거한 후 사방 2cm의 정육면체로 썰어 소금, 검은 후춧가루로 밑간을 한 후 간이 들면 밀가루를 살짝 묻힌다.

02 양파, 당근, 셀러리, 감자는 1.8cm의 정육면체로 썰어 모서리를 둥글게 다듬는다.

03 마늘은 다지고, 파슬리는 잎만 떼어 곱게 다진 후 면보에 싸서 물에 헹구어 물기를 꼭 짜서 파슬리 가루를 만든다.

04 월계수잎에 정향을 꽂아 준비한다.

05 팬에 버터를 두르고 마늘, 양파, 셀러리, 당근, 감자 순으로 타지 않게 볶아내고 소고기를 갈색이 나도록 지진다.

06 (브라운 루 만들기) – 냄비에 버터를 두르고 녹으면 동량의 밀가루를 넣어 약불에서 갈색이 나도록 브라운 루를 만든다.

07 06에 토마토 페이스트를 넣고 신맛과 떫은맛이 없도록 볶은 후 물을 조금씩 넣어가며 풀어주고 볶은 채소와 소고기, 월계수잎에 정향 꽂은 것을 넣고 뭉근하게 끓여준다.

08 농도가 어느 정도 걸쭉해지고 채소와 소고기가 익으면 월계수잎에 정향꽂은 것을 건져내고 소금, 검은 후춧가루로 간을 한다.

09 완성그릇에 비프 스튜를 담고 파슬리 가루를 뿌려낸다.

시험장에서의 조리작업순서

재료 확인 → 재료 손질 → 소고기 썰기(사방 2cm + 소금, 후춧가루) → 채소 썰기(1.8cm → 모서리 다듬기) → 마늘 다지기, 파슬리 가루 만들기 → 월계수잎에 정향 꽂아 준비 → 채소볶기 → 소고기 볶기 → 브라운 루 만들기 → 토마토 페이스트 넣기 → 끓이기(물 → 볶은 채소, 소고기 + 월계수잎, 정향) → 간하기(소금, 검은 후춧가루) → 완성그릇에 담기(파슬리 가루 뿌리기)

참고사항

🟢 썰기
- 소고기 → 종이타월에 핏물을 제거한 후 힘줄과 기름기를 제거하고 익은 후 줄어드는 것을 감안해서 사방 2cm로 썬다.
- 채소 → 마늘은 다지고, 그 외 재료는 1.8cm의 정육면체로 썰어 모서리를 둥글게 다듬어 끓여야 각진 부분이 부서져서 스튜가 지저분해지는 것을 방지한다.

🟢 볶기
- 먼저 채소를 볶아내고 소고기에는 밀가루를 살짝 묻혀 육즙이 빠져나오는 것을 방지하여 갈색이 나도록 볶아낸다.

🟢 브라운루(Brown Roux)
- 냄비에 버터를 두르고 밀가루를 넣어 약불과 중불로 불조절을 하면서 태우지 말고 갈색이 나도록 볶는다.

🟢 끓이기
- 채소와 고기의 크기가 크므로 처음에는 센불로 올려 끓여주고 약불로 줄여 뭉근히 끓여서 속까지 익힌다. 또한 무게가 있어서 가끔 나무주걱으로 저어가며 끓여야 밑이 눋지 않는다.

22 비프 스튜

주 요리 | 시험시간 40분

23 살리스버리 스테이크
(Salisbury Steak)

살리스버리는 의사였던 영국 후작 이름으로, 당시에 빈혈 퇴치를 위해 이 요리를 많이 먹도록 권장하여 많은 사람들에게 유행시켜 그의 이름을 따서 붙인 것이다. 소고기를 곱게 다져 여러 가지 채소를 섞어 럭비공 모양으로 만들어 구웠다. 이와 비슷한 햄버거 스테이크(Hamburg steak)는 독일 함부르크(Hamburg) 사람들이 즐겨먹어서 붙여진 이름인데 이들의 차이점은 살리스버리 스테이크는 다진 소고기만 사용하고, 햄버거 스테이크는 다진 소고기와 돼지고기를 섞어서 사용한다는 점이다.

요구
사항

※ 주어진 재료를 사용하여 다음과 같이 [살리스버리 스테이크]를 만드시오.
가. 살리스버리 스테이크는 타원형으로 만들어 고기 앞, 뒤의 색을 갈색으로 구우시오.
나. 더운 채소(당근, 감자, 시금치)를 각각 모양 있게 만들어 곁들여 내시오.

23 살리스버리 스테이크

 수험자 유의사항 공통

1) 만드는 순서에 유의하며, 위생과 숙련된 기능평가를 위하여 조리작업 시 맛을 보지 않습니다.
2) 지정된 수험자지참준비물 이외의 조리기구나 재료를 시험장 내에 지참할 수 없습니다.
3) 지급재료는 시험 전 확인하여 이상이 있을 경우 시험위원으로부터 조치를 받고 시험 중에는 재료의 교환 및 추가지급은 하지 않습니다.
4) 요구사항의 규격은 "정도"의 의미를 포함하며, 지급된 재료의 크기에 따라 가감하여 채점합니다.
5) 위생복, 위생모, 앞치마를 착용하여야 하며, 시험장비·조리도구 취급 등 안전에 유의합니다.
6) 다음 사항은 실격에 해당하여 **채점 대상에서 제외**됩니다.
   가) 수험자 본인이 시험 도중 시험에 대한 포기 의사를 표현하는 경우
   나) 위생복, 위생모, 앞치마, 마스크를 착용하지 않은 경우
   다) 시험시간 내에 과제 두 가지를 제출하지 못한 경우
   라) 문제의 요구사항대로 과제의 수량이 만들어지지 않은 경우
   마) 완성품을 요구사항의 과제(요리)가 아닌 다른 요리(예. 달걀말이 → 달걀찜)로 만든 경우
   바) 불을 사용하여 만든 조리작품이 작품특성에 벗어나는 정도로 타거나 익지 않은 경우
   사) 해당과제의 지급재료 이외 재료를 사용하거나, 요구사항의 조리기구(석쇠 등)로 완성품을 조리하지 않은 경우
   아) 지정된 수험자지참준비물 이외의 조리기술에 영향을 줄 수 있는 기구를 사용한 경우
   자) 가스레인지 화구 2개 이상(2개 포함) 사용한 경우
   차) 시험 중 시설·장비(칼, 가스레인지 등) 사용 시 시험위원 및 타수험자의 시험 진행에 위해를 일으킬 것으로 시험위원 전원이 합의하여 판단한 경우
   카) 요구사항에 표시된 실격 및 부정행위에 해당하는 경우
7) 항목별 배점은 위생상태 및 안전관리 5점, 조리기술 30점, 작품의 평가 15점입니다.
8) 시험시작 전 가벼운 몸 풀기(스트레칭) 동작으로 긴장을 풀고 시험을 시작합니다.

 지급재료목록

- 소고기(살코기 간 것) ······· 130g
- 버터(무염) ···················· 50g
- 식용유 ························ 150ml
- 빵가루(마른 것) ················ 20g
- 검은 후춧가루 ··················· 2g
- 달걀 ····························· 1개
- 당근(둥근 모양이 유지되게 등분) ······························· 70g
- 우유 ·························· 10ml
- 백설탕 ························· 25g
- 시금치 ························· 70g
- 양파(중, 150g 정도) ········ 1/6개
- 소금(정제염) ···················· 2g
- 감자(150g 정도) ············ 1/2개

주 요리 | 143

만드는법

다진양파 볶기

고기 양념하기

고기 모양 잡기

고기 굽기

01 냄비에 물을 올려 준비한다(감자, 당근, 시금치 데칠 물).
02 감자는 가로, 세로 1cm×1cm에 길이 5cm로 썰어 물에 담가 놓는다.
03 당근은 0.5cm 두께로 둥글게 썰어 비취(Vichy) 모양으로 다듬는다.
04 시금치는 뿌리를 떼고 깨끗이 씻는다.
05 양파는 곱게 다진다.
06 소고기는 기름기와 힘줄을 제거하고 곱게 다진다.
07 끓는 물에 소금을 넣고 감자, 당근, 시금치 순으로 뚜껑을 열고 데쳐내어 감자는 수분을 제거하고, 시금치는 찬물에 헹궈 물기를 제거하고 5cm로 자른다.
08 다진 양파는 시금치와 볶을 양을 남기고 나머지는 볶은 후 펼쳐 식힌다.
09 데친 당근은 냄비에 담고 물, 버터, 설탕, 소금을 넣고 윤기나게 조린다.
10 물기 제거한 감자는 기름에 노릇하게 튀겨 뜨거울 때 소금을 살짝 뿌린다.
11 시금치는 팬에 버터를 살짝 두르고 남겨둔 다진 양파를 넣어 볶으면서 시금치를 넣어 살짝 볶고 소금, 검은 후춧가루로 간을 한다.
12 볼에 다진 소고기와 볶아서 식힌 양파, 소금, 검은 후춧가루, 달걀물(1큰술), 빵가루, 우유를 넣고 고루 섞어 주고 많이 치대 끈기를 준다.
13 양념이 된 고기는 도마로 옮겨 두께 1.5cm, 길이 13cm, 폭 9cm 정도의 타원형으로 다듬은 후 가운데는 살짝 눌러 준다.
14 팬에 식용유와 버터를 소량 두르고 고기를 앞, 뒤로 갈색이 나도록 굽고 불을 줄여 속까지 익힌다.
15 완성그릇에 감자, 당근, 시금치를 놓고 가운데 구운 고기를 얹어 낸다.

시험장에서의 조리작업순서

재료 확인 → 재료 손질 → 물 올리기 → 채소 손질과 모양 내기 → 양파, 소고기 다지기 → 데치기(감자 → 당근 → 시금치) → 양파 볶아 식히기 → 당근 졸이기(물, 버터, 설탕, 소금) → 감자 튀기기(소금) → 시금치 볶기(양파, 소금, 검은 후춧가루) → 스테이크 반죽하기(다진 소고기 + 볶은 양파 + 소금 + 후춧가루 + 달걀물 + 빵가루 + 우유) → 스테이크 모양 잡기 → 스테이크 굽기 → 완성그릇에 담기

참고사항

🧑‍🍳 곁들이 채소
- 감자는 튀겨서 따뜻할 때 소금을 뿌려 두어 간이 들게 한다.
- 당근은 비취(Vichy) 모양으로 3~4개를 준비하며 2개를 준비할 경우 감점이 된다. 당근을 조릴 때는 속까지 익혀야 하며 윤기나게 조린다.
- 시금치는 다진 양파와 볶을 때 누렇게 되지 않도록 살짝 볶아낸다.

🧑‍🍳 스테이크 반죽
- 양파는 곱게 다져서 볶은 후 완전히 식혀 양념에 넣어야 수분이 제거되서 반죽 후에 물이 생기지 않는다. 또한 양파의 입자가 굵으면 스테이크의 결이 곱지 못하고, 고기가 깨질 수 있으므로 곱게 다진다.
- 고기반죽은 오래 끈기있게 치대어 모양을 잡아야 구웠을 때도 모양을 유지할 수 있다.
- 고기가 익으면 가운데 부분이 볼록해지므로 다른 부분보다 약간 얇게 살짝 눌러준다.

🧑‍🍳 스테이크 굽기
- 모양을 잡았던 윗면을 팬에 먼저 넣고 접시에 담을 때도 그 면이 깔끔하므로 위로 오게 한다.
- 스테이크를 팬에서 뒤집을 때는 왼손으로 팬을 기울이고 뒤집개를 고기 깊숙이 넣어 살짝 뒤집어 고기가 깨지지 않게 하며 속까지 충분히 익어야 하므로 표면이 응고되면 약불에서 서서히 익힌다.

🧑‍🍳 완성그릇에 담기
- 더운 채소는 감자, 시금치, 당근 순으로 놓고 구워진 고기를 가운데에 놓아준다.

주 요리　　　　　　　　　　　　　　　　시험시간　30분

24 서로인 스테이크
(Sirloin Steak)

서로인 스테이크의 유래는 영국 국왕 찰스 2세가 식사 때마다 본인의 입을 즐겁게 해주는 고기가 Loin 부분임을 알고 나이트(Knight) 작위를 수여하여 그 이후부터 서로인(Sirloin)이 되었다. Sir는 영국에서는 준남작 지위에 있는 사람의 이름에 붙이는 존칭이다. 서로인 스테이크는 소의 허리 상부 부위의 고기를 두툼하게 썰어 구워 만든 대표적인 메인(Main) 요리이다.

 **요구 사항**

※ 주어진 재료를 사용하여 다음과 같이 [서로인 스테이크]를 만드시오.
가. 스테이크는 미디움(medium)으로 구우시오.
나. 더운 채소(당근, 감자, 시금치)를 각각 모양 있게 만들어 함께 내시오.

24 서로인 스테이크

 ### 수험자 유의사항 공통

1) 만드는 순서에 유의하며, 위생과 숙련된 기능평가를 위하여 조리작업 시 맛을 보지 않습니다.
2) 지정된 수험자지참준비물 이외의 조리기구나 재료를 시험장 내에 지참할 수 없습니다.
3) 지급재료는 시험 전 확인하여 이상이 있을 경우 시험위원으로부터 조치를 받고 시험 중에는 재료의 교환 및 추가지급은 하지 않습니다.
4) 요구사항의 규격은 "정도"의 의미를 포함하며, 지급된 재료의 크기에 따라 가감하여 채점합니다.
5) 위생복, 위생모, 앞치마를 착용하여야 하며, 시험장비·조리도구 취급 등 안전에 유의합니다.
6) 다음 사항은 실격에 해당하여 **채점 대상에서 제외**됩니다.
   가) 수험자 본인이 시험 도중 시험에 대한 포기 의사를 표현하는 경우
   나) 위생복, 위생모, 앞치마, 마스크를 착용하지 않은 경우
   다) 시험시간 내에 과제 두 가지를 제출하지 못한 경우
   라) 문제의 요구사항대로 과제의 수량이 만들어지지 않은 경우
   마) 완성품을 요구사항의 과제(요리)가 아닌 다른 요리(예. 달걀말이 → 달걀찜)로 만든 경우
   바) 불을 사용하여 만든 조리작품이 작품특성에 벗어나는 정도로 타거나 익지 않은 경우
   사) 해당과제의 지급재료 이외 재료를 사용하거나, 요구사항의 조리기구(석쇠 등)로 완성품을 조리하지 않은 경우
   아) 지정된 수험자지참준비물 이외의 조리기술에 영향을 줄 수 있는 기구를 사용한 경우
   자) 가스레인지 화구 2개 이상(2개 포함) 사용한 경우
   차) 시험 중 시설·장비(칼, 가스레인지 등) 사용 시 시험위원 및 타수험자의 시험 진행에 위해를 일으킬 것으로 시험위원 전원이 합의하여 판단한 경우
   카) 요구사항에 표시된 실격 및 부정행위에 해당하는 경우
7) 항목별 배점은 위생상태 및 안전관리 5점, 조리기술 30점, 작품의 평가 15점입니다.
8) 시험시작 전 가벼운 몸 풀기(스트레칭) 동작으로 긴장을 풀고 시험을 시작합니다.

 ### 지급재료목록

- 소고기 등심(덩어리) ·········· 200g
- 감자(150g 정도) ············ 1/2개
- 시금치 ···················· 70g
- 당근(둥근 모양이 유지되게 등분) ···················· 70g
- 양파(중, 150g 정도) ········ 1/6개
- 버터(무염) ················· 50g
- 식용유 ··················· 150ml
- 백설탕 ···················· 25g
- 소금(정제염) ················ 2g
- 검은 후춧가루 ················ 1g

만드는법

당근 비취 모양내기

당근 조리기

감자 튀기기

소고기 굽기

01 냄비에 물을 올려 준비한다(감자, 당근, 시금치 데칠 물).

02 감자는 가로, 세로 1cm×1cm에 길이 5cm로 썰어 물에 담가 놓는다.

03 당근은 0.5cm 두께로 둥글게 썰어 비취(Vichy) 모양으로 다듬는다.

04 시금치는 뿌리를 떼고 깨끗이 씻는다.

05 양파는 곱게 다진다.

06 끓는 물에 소금을 넣고 감자, 당근, 시금치 순으로 뚜껑을 열고 데쳐내어 감자는 수분을 제거하고, 시금치는 찬물에 헹궈 물기를 제거한 후 5cm로 자른다.

07 데친 당근은 냄비에 담고 물, 버터, 설탕, 소금을 넣고 윤기나게 조린다.

08 감자는 기름에 노릇하게 튀겨 뜨거울 때 소금을 살짝 뿌린다.

09 시금치는 팬에 버터를 살짝 두르고 다진 양파를 넣어 볶으면서 시금치를 넣어 살짝 볶고 소금, 검은 후춧가루로 간을 한다.

10 소고기는 힘줄과 기름을 제거하고 둥근 형태로 만든 다음 소금과 검은 후춧가루를 뿌리고 식용유를 살짝 발라준다.

11 기름 두른 뜨거운 팬에 고기를 넣고 갈색이 나면 뒤집어서 중간 정도(Medium)로 굽는다.

12 완성그릇에 감자, 시금치, 당근을 담고 가운데 등심을 담아낸다.

> **시험장에서의 조리작업순서**
> 재료 확인 → 재료 손질 → 물 올리기 → 채소 손질과 모양 내기 → 양파 다지기 → 데치기(감자 → 당근 → 시금치) → 당근 졸이기(물, 버터, 설탕, 소금) → 감자 튀기기(소금) → 시금치 볶기(양파, 소금, 검은 후춧가루) → 소고기 손질하기(소금, 검은 후춧가루) → 소고기 굽기 → 완성그릇에 담기

참고사항

🌱 곁들이채소
- 감자는 튀겨서 따뜻할 때 소금을 뿌려 두어 간이 들게 한다.
- 당근은 비취(Vichy) 모양으로 3~4개를 준비하며 2개를 준비할 경우 감점이 된다.
- 당근을 조릴 때는 속까지 익혀야 하며 윤기나게 조린다.
- 시금치는 다진 양파와 볶을 때 누렇게 되지 않도록 살짝 볶아낸다.

🌱 스테이크 굽기
- 고기는 뜨겁게 달군 팬에 앞, 뒤로 익혀야 색깔도 내고 육즙이 빠지는 것도 방지하며 표면이 익은 후에는 불을 줄이고 미디움(Medium)으로 구워내야 한다.
- 스테이크(Steak)는 익히는 정도에 따라 레어(Rare), 미디움(Medium), 웰던(Well-done)으로 구분한다.

🌱 완성그릇에 담기
- 더운 채소는 감자, 시금치, 당근 순으로 놓고 구워진 스테이크를 접시 가운데 담아낸다.

주 요리 | 시험시간 30분

25 치킨 커틀렛
(Chicken Cutlet)

커틀렛(Cutlet)은 얇게 저민 고기에 밑간을 하고 밀가루, 달걀, 빵가루 순서로 옷을 입혀 튀겨 낸 요리를 뜻한다. 주재료에는 돼지고기(Pork), 소고기(Beef), 닭고기(Chicken) 등이 주로 이용된다.

 **요구사항**

※ 주어진 재료를 사용하여 다음과 같이 [치킨 커틀렛]을 만드시오.

가. 닭은 껍질채 사용하시오.
나. 완성된 커틀렛의 색에 유의하고 두께는 1cm 정도로 하시오.
다. 딥팻후라이(deep fat frying)로 하시오.

25 치킨 커틀렛

 ### 수험자 유의사항 공통

1) 만드는 순서에 유의하며, 위생과 숙련된 기능평가를 위하여 조리작업 시 맛을 보지 않습니다.
2) 지정된 수험자지참준비물 이외의 조리기구나 재료를 시험장 내에 지참할 수 없습니다.
3) 지급재료는 시험 전 확인하여 이상이 있을 경우 시험위원으로부터 조치를 받고 시험 중에는 재료의 교환 및 추가지급은 하지 않습니다.
4) 요구사항의 규격은 "정도"의 의미를 포함하며, 지급된 재료의 크기에 따라 가감하여 채점합니다.
5) 위생복, 위생모, 앞치마를 착용하여야 하며, 시험장비·조리도구 취급 등 안전에 유의합니다.
6) 다음 사항은 실격에 해당하여 **채점 대상에서 제외**됩니다.
   가) 수험자 본인이 시험 도중 시험에 대한 포기 의사를 표현하는 경우
   나) 위생복, 위생모, 앞치마, 마스크를 착용하지 않은 경우
   다) 시험시간 내에 과제 두 가지를 제출하지 못한 경우
   라) 문제의 요구사항대로 과제의 수량이 만들어지지 않은 경우
   마) 완성품을 요구사항의 과제(요리)가 아닌 다른 요리(예, 달걀말이 → 달걀찜)로 만든 경우
   바) 불을 사용하여 만든 조리작품이 작품특성에 벗어나는 정도로 타거나 익지 않은 경우
   사) 해당과제의 지급재료 이외 재료를 사용하거나, 요구사항의 조리기구(석쇠 등)로 완성품을 조리하지 않은 경우
   아) 지정된 수험자지참준비물 이외의 조리기술에 영향을 줄 수 있는 기구를 사용한 경우
   자) 가스레인지 화구 2개 이상(2개 포함) 사용한 경우
   차) 시험 중 시설·장비(칼, 가스레인지 등) 사용 시 시험위원 및 타수험자의 시험 진행에 위해를 일으킬 것으로 시험위원 전원이 합의하여 판단한 경우
   카) 요구사항에 표시된 실격 및 부정행위에 해당하는 경우
7) 항목별 배점은 위생상태 및 안전관리 5점, 조리기술 30점, 작품의 평가 15점입니다.
8) 시험시작 전 가벼운 몸 풀기(스트레칭) 동작으로 긴장을 풀고 시험을 시작합니다.

 ### 지급재료목록

- 닭다리(한마리 1.2kg 정도, 허벅지 살 포함) ·················· 1개
- 소금(정제염) ·················· 약간
- 검은 후춧가루 ·················· 2g
- 밀가루(중력분) ·················· 30g
- 달걀 ·················· 1개
- 빵가루(마른 것) ·················· 50g
- 식용유 ·················· 500ml
- 냅킨(흰색, 기름제거용) ·················· 2장

만드는법

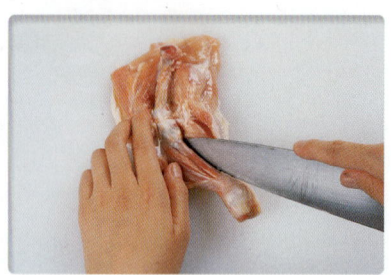
닭 포뜨기

닭살에 칼집넣기

튀김옷 입히기

튀기기

01 닭다리는 깨끗이 씻은 후 물기를 제거하고 껍질이 붙은 채로 살을 발라 낸 후 힘줄을 제거하고 두께가 0.7cm 정도 되도록 포를 뜬다.

02 포뜬 닭은 앞, 뒤로 충분히 칼집을 넣고 소금과 검은 후춧가루로 간을 한다.

03 달걀은 볼에 깨서 잘 풀어 놓는다.

04 손질된 닭고기에 밀가루, 달걀물, 빵가루 순으로 옷을 입힌다.

05 170℃의 튀김기름에 황금색이 나게 노릇하고 바삭하게 튀긴다.

06 튀겨낸 닭은 체에 밭쳐 기름을 빼고 냅킨으로 옮겨 기름을 다시 한번 쪽 빼준다.

07 완성그릇에 치킨커틀렛을 담아낸다.

> **시험장에서의 조리작업순서**
> 재료 확인 → 재료 손질 → 닭 씻기 → 닭 물기 제거 → 닭 손질(살 발라내기 → 포 뜨기 → 칼집 넣기 → 소금, 흰 후춧가루) → 달걀 풀기 → 닭 튀김옷 입히기(밀가루 → 달걀물 → 빵가루) → 튀기기 → 완성그릇에 담기

참고사항

🟢 **닭 손질(본문 교재 p.46 참고)**
- 포뜬 닭은 힘줄과 기름기를 제거하고 두꺼운 부분은 포를 떠서 두께 조절을 한 후 앞, 뒤로 충분히 칼집을 넣어 튀길 때 오그라드는 것을 방지한다.
- 닭의 두께 조절 시 완성된 커틀렛의 두께가 1cm 정도 되도록 해야 하므로 튀김옷을 입혀 튀겼을 때 두께가 두꺼워지는 것을 감안하여 0.7cm 정도의 두께가 되도록 포뜬 닭을 손질한다.

🟢 **튀김옷 입히기**
- 밀가루 → 손질된 닭에 밀가루를 입힐 때는 골고루 입히고 나머지 여분은 털어낸다.
- 달걀 → 달걀물은 골고루 잘 풀어서 밀가루 입힌 닭을 넣었다 건지는데 달걀물이 과하게 묻어 올라오는 것은 그릇 벽쪽에 닭을 쳐서 달걀물을 끊어준다.
- 빵가루 → 빵가루가 골고루 묻도록 꼭꼭 눌러 고루 묻히고 잠시 두어 빵가루가 자리잡히면 튀긴다.

🟢 **튀기기**
- 튀김온도를 확인한 후 튀김냄비 옆으로 살며시 넣어 모양을 유지하면서 황금색으로 바삭하게 튀겨낸다.

주 요리 | 시험시간 30분

26 치킨 알라킹
(Chicken A'la King)

치킨 알라킹은 닭고기와 채소에 화이트소스를 곁들인 영국풍의 요리로 왕을 위한 닭고기 요리라는 뜻이다.

요구사항

※ 주어진 재료를 사용하여 다음과 같이 [치킨 알라킹]을 만드시오.

가. 완성된 닭고기와 채소, 버섯의 크기는 1.8×1.8cm 정도로 균일하게 하시오.
나. 닭뼈를 이용하여 치킨 육수를 만들어 사용하시오.
다. 화이트 루(roux)를 이용하여 베샤멜소스(bechamel sauce)를 만들어 사용하시오.

26 치킨 알라킹

 ### 수험자 유의사항 공통

1) 만드는 순서에 유의하며, 위생과 숙련된 기능평가를 위하여 조리작업 시 맛을 보지 않습니다.
2) 지정된 수험자지참준비물 이외의 조리기구나 재료를 시험장 내에 지참할 수 없습니다.
3) 지급재료는 시험 전 확인하여 이상이 있을 경우 시험위원으로부터 조치를 받고 시험 중에는 재료의 교환 및 추가지급은 하지 않습니다.
4) 요구사항의 규격은 "정도"의 의미를 포함하며, 지급된 재료의 크기에 따라 가감하여 채점합니다.
5) 위생복, 위생모, 앞치마를 착용하여야 하며, 시험장비·조리도구 취급 등 안전에 유의합니다.
6) 다음 사항은 실격에 해당하여 **채점 대상에서 제외**됩니다.
   가) 수험자 본인이 시험 도중 시험에 대한 포기 의사를 표현하는 경우
   나) 위생복, 위생모, 앞치마, 마스크를 착용하지 않은 경우
   다) 시험시간 내에 과제 두 가지를 제출하지 못한 경우
   라) 문제의 요구사항대로 과제의 수량이 만들어지지 않은 경우
   마) 완성품을 요구사항의 과제(요리)가 아닌 다른 요리(예, 달걀말이 → 달걀찜)로 만든 경우
   바) 불을 사용하여 만든 조리작품이 작품특성에 벗어나는 정도로 타거나 익지 않은 경우
   사) 해당과제의 지급재료 이외 재료를 사용하거나, 요구사항의 조리기구(석쇠 등)로 완성품을 조리하지 않은 경우
   아) 지정된 수험자지참준비물 이외의 조리기술에 영향을 줄 수 있는 기구를 사용한 경우
   자) 가스레인지 화구 2개 이상(2개 포함) 사용한 경우
   차) 시험 중 시설·장비(칼, 가스레인지 등) 사용 시 시험위원 및 타수험자의 시험 진행에 위해를 일으킬 것으로 시험위원 전원이 합의하여 판단한 경우
   카) 요구사항에 표시된 실격 및 부정행위에 해당하는 경우
7) 항목별 배점은 위생상태 및 안전관리 5점, 조리기술 30점, 작품의 평가 15점입니다.
8) 시험시작 전 가벼운 몸 풀기(스트레칭) 동작으로 긴장을 풀고 시험을 시작합니다.

 ### 지급재료목록

- 닭다리(1마리 1.2kg 정도, 허벅지살 포함) ·············· 1개
- 양파(중, 150g 정도) ········ 1/6개
- 청피망(중, 75g 정도) ········ 1/4개
- 홍피망(중, 75g 정도) ········ 1/6개
- 양송이 ···························· 20g
- 버터(무염) ················ 20g(2개)
- 월계수잎 ···························· 1잎
- 밀가루(중력분) ···················· 15g
- 우유 ······························ 150ml
- 생크림(조리용) ···················· 20g
- 정향 ·································· 1개
- 소금(정제염) ······················ 2g
- 흰 후춧가루 ······················ 2g

주 요리 | 155

만드는 법

닭고기 자르기

치킨 육수 만들기

베샤멜 소스 만들기

닭살과 채소 넣어 끓이기

01 닭다리는 깨끗이 씻어 물기를 제거하고 살을 발라낸 후 껍질을 제거하고 살은 2cm×2cm로 썰고 닭뼈는 핏물을 빼서 준비한다.

02 냄비에 닭뼈와 양파 한 쪽을 넣고 물을 끓여 치킨 육수를 맑게 끓여 면보에 거른다.

03 청·홍피망과 양파는 1.8cm 크기로 자르고, 양송이는 겉껍질을 벗겨 손질하고 모양을 살려 썬다.

04 월계수잎에 정향을 꽂아 준비한다.

05 팬에 버터를 살짝 두르고 양파, 양송이, 피망 순으로 각각 살짝 볶아 내고 닭고기도 볶아 준비한다.

06 냄비에 버터를 두르고 녹으면 밀가루를 넣어 약불에서 색이 나지 않도록 서서히 볶아 화이트 루를 만든다.

07 06에 치킨 육수를 조금씩 부어 멍울이 없도록 완전히 푼 후 월계수잎에 정향을 꽂은 것을 넣고 은근하게 끓여 베샤멜 소스를 만든다.

08 07의 베샤멜 소스에 볶아둔 닭살, 양파, 양송이, 청·홍피망을 넣고 우유와 생크림으로 맛과 농도를 맞춘다. 월계수잎에 정향 꽂은 것을 건져내고 소금과 흰 후춧가루로 간을 맞춘다.

09 완성그릇에 치킨 알라킹을 담아낸다.

시험장에서의 조리작업순서

재료 확인 → 재료 손질 → 닭 씻기·물기 제거 → 닭 포뜨기 → 닭살 껍질제거 후 2cm×2cm 썰기 → 닭뼈로 치킨 육수 만들기 → 채소 썰기 → 월계수잎에 정향 꽂아 준비 → 닭고기와 채소 볶기 → 화이트 루 만들기 → 베샤멜 소스 만들기(화이트 루 + 치킨 육수 + 월계수잎 정향 꽂은 것 → 닭살, 양파, 양송이, 청·홍피망, 우유, 생크림 → 소금, 흰 후춧가루) → 완성그릇에 담기

참고사항

🧑‍🍳 닭
- 손질된 닭살은 익히면 크기가 줄어들므로 요구사항보다 약간 크게 썬다.
- 닭살과 닭뼈 삶은 물은 치킨 육수(Chicken Stock)로 사용하며 면보에 걸러서 기름을 제거한다.

🧑‍🍳 채소 손질
- 양파, 청·홍피망은 1.8cm로 썰고 양송이는 껍질을 벗기고 사용해야 완성품의 색깔이 깨끗하므로 팬에 볶을 때도 살짝만 볶아서 준비한다.
- 썰어놓은 닭고기는 버터에 흰색을 잃지 않도록 잘 볶아준다.

🧑‍🍳 화이트루(White Roux) 만들기
- 먼저 냄비에 버터를 약한 불에서 녹인 후 밀가루를 넣어 색이 나지 않도록 나무주걱을 이용해 깨끗하게 볶는다.

🧑‍🍳 끓이기
- 화이트 루에 치킨 육수를 조금씩 넣어가며 풀어야 몽우리가 지지 않으며 잘 풀리지 않았을 경우에는 체에 내려서 다시 사용한다.
- 닭살을 넣고는 부서지지 않도록 조심스럽게 저어주며 홍피망은 색이 날 수 있기 때문에 마지막에 홍피망을 넣고 살짝 끓여 불을 끈다.

🧑‍🍳 완성그릇에 담기
- 사용된 재료가 소스와 잘 어우러져 보이도록 담아낸다.

26 치킨 알라킹

샌드위치

27 BLT 샌드위치 (베이컨, 레터스, 토마토 샌드위치)
(BLT Sandwich)

시험시간 30분

샌드위치는 빵 사이에 고기, 생선, 달걀, 채소, 과일 등의 충전물을 넣는 것으로 그 종류가 다양하다.
BLT는 베이컨(Bacon), 양상추(Lettuce), 토마토(Tomato)의 약자이다.

27 BLT 샌드위치

요구사항

※ 주어진 재료를 사용하여 다음과 같이 [BLT 샌드위치]를 만드시오.
가. 빵은 구워서 사용하시오.
나. 토마토는 0.5cm 정도의 두께로 썰고, 베이컨은 구워서 사용하시오.
다. 완성품은 4조각으로 썰어 전량을 내시오.

 **수험자 유의사항 공통**

1) 만드는 순서에 유의하며, 위생과 숙련된 기능평가를 위하여 조리작업 시 맛을 보지 않습니다.
2) 지정된 수험자지참준비물 이외의 조리기구나 재료를 시험장 내에 지참할 수 없습니다.
3) 지급재료는 시험 전 확인하여 이상이 있을 경우 시험위원으로부터 조치를 받고 시험 중에는 재료의 교환 및 추가지급은 하지 않습니다.
4) 요구사항의 규격은 "정도"의 의미를 포함하며, 지급된 재료의 크기에 따라 가감하여 채점합니다.
5) 위생복, 위생모, 앞치마를 착용하여야 하며, 시험장비·조리도구 취급 등 안전에 유의합니다.
6) 다음 사항은 실격에 해당하여 **채점 대상에서 제외**됩니다.
　가) 수험자 본인이 시험 도중 시험에 대한 포기 의사를 표현하는 경우
　나) 위생복, 위생모, 앞치마, 마스크를 착용하지 않은 경우
　다) 시험시간 내에 과제 두 가지를 제출하지 못한 경우
　라) 문제의 요구사항대로 과제의 수량이 만들어지지 않은 경우
　마) 완성품을 요구사항의 과제(요리)가 아닌 다른 요리(예. 달걀말이 → 달걀찜)로 만든 경우
　바) 불을 사용하여 만든 조리작품이 작품특성에 벗어나는 정도로 타거나 익지 않은 경우
　사) 해당과제의 지급재료 이외 재료를 사용하거나, 요구사항의 조리기구(석쇠 등)로 완성품을 조리하지 않은 경우
　아) 지정된 수험자지참준비물 이외의 조리기술에 영향을 줄 수 있는 기구를 사용한 경우
　자) 가스레인지 화구 2개 이상(2개 포함) 사용한 경우
　차) 시험 중 시설·장비(칼, 가스레인지 등) 사용 시 시험위원 및 타수험자의 시험 진행에 위해를 일으킬 것으로 시험위원 전원이 합의하여 판단한 경우
　카) 요구사항에 표시된 실격 및 부정행위에 해당하는 경우
7) 항목별 배점은 위생상태 및 안전관리 5점, 조리기술 30점, 작품의 평가 15점입니다.
8) 시험시작 전 가벼운 몸 풀기(스트레칭) 동작으로 긴장을 풀고 시험을 시작합니다.

 지급재료목록

- 식빵(샌드위치용) ············ 3조각
- 토마토(중, 150g 정도, 둥근 모양이 되도록 잘라서 지급) ········ 1/2개
- 마요네즈 ···················· 30g
- 검은 후춧가루 ················ 1g
- 양상추(2잎 정도, 잎상추로 대체 가능) ···················· 20g
- 베이컨(길이 25~30cm) ······ 2조각
- 소금(정제염) ················· 3g

만드는법

식빵 토스트하기

토마토 썰기

구운 베이컨 얹기

샌드위치 자르기

01 양상추는 찬물에 담가 싱싱하게 살린다.

02 식빵은 기름을 두르지 않은 팬에 양면이 노릇하게 토스트한다.

03 베이컨은 기름을 두르지 않은 팬에 노릇하게 구워 키친타월 위에 놓고 기름을 제거하고 빵 길이에 맞추어서 자른다.

04 토마토는 두께 0.5cm 원형으로 잘라 소금과 검은 후춧가루를 살짝 뿌려 두었다가 수분을 제거한다.

05 물에 담가둔 양상추는 면보를 이용하여 수분을 제거하고 식빵 크기에 맞추어 뜯어 놓는다.

06 토스트한 식빵에 마요네즈를 바르고 양상추, 베이컨을 올려놓고 양면에 마요네즈 바른 빵을 올려준 뒤 양상추, 토마토를 올리고 다시 마요네즈 바른 빵 순으로 얹는다.

07 이쑤시개를 이용하여(이쑤시개 제공될 경우) 샌드위치를 고정시키고 칼을 살짝 달구어 4면의 가장자리를 잘라내고 4조각으로 썰어 완성그릇에 담는다.

시험장에서의 조리작업순서

재료 확인 → 재료 손질 → 양상추 찬물에 담그기 → 식빵 토스트하기 → 베이컨 굽기(기름 제거) → 토마토 썰기(원형 썰기 + 소금, 검은 후춧가루 + 수분 제거) → 양상추 물기 제거 → 샌드위치 만들기 → 썰기(4조각) → 완성그릇에 담기

참고사항

🔰 식빵 토스트
- 식빵 토스트는 중불 정도에서 양면을 노릇노릇하게 구운 후 눅눅해지지 않도록 겹쳐 놓지 말고 나무젓가락을 이용하여 그 위에 얹어 공기가 통하게 한다.

🔰 베이컨 지지기
- 베이컨은 자체 기름이 많으므로 팬에 기름없이 지진 후 키친타월로 옮겨 꼭꼭 눌러서 기름을 빼준다.

🔰 썰기
- BLT 샌드위치를 썰 때 칼을 불에 살짝 달구어서 썰면 모양이 찌그러지지 않고 또한 단면이 깨끗하다.

| 샌드위치 | | 시험시간 30분 |

28 햄버거 샌드위치
(Hamburger Sandwich)

샌드위치(Sandwich)는 18세기 영국의 백작이름으로 카드놀이를 너무 좋아하여 카드놀이를 중단하지 않고 식사를 하면서도 카드놀이를 계속 할 수 있도록 두 조각의 빵 사이에 고기를 넣어 먹었다고 하는 데서 유래되었다.

요구사항

※ 주어진 재료를 사용하여 다음과 같이 [햄버거 샌드위치]를 만드시오.
가. 빵은 버터를 발라 구워서 사용하시오.
나. 고기에 사용하는 양파, 셀러리는 다진 후 볶아서 사용하시오.
다. 고기는 미디움웰던(medium wellden)으로 굽고, 구워진 고기의 두께는 1cm 정도로 하시오.
라. 토마토, 양파는 0.5cm 정도의 두께로 썰고 양상추는 빵크기에 맞추시오.
마. 샌드위치는 반으로 잘라 내시오.

28 햄버거 샌드위치

수험자 유의사항 공통

1) 만드는 순서에 유의하며, 위생과 숙련된 기능평가를 위하여 조리작업 시 맛을 보지 않습니다.
2) 지정된 수험자지참준비물 이외의 조리기구나 재료를 시험장 내에 지참할 수 없습니다.
3) 지급재료는 시험 전 확인하여 이상이 있을 경우 시험위원으로부터 조치를 받고 시험 중에는 재료의 교환 및 추가지급은 하지 않습니다.
4) 요구사항의 규격은 "정도"의 의미를 포함하며, 지급된 재료의 크기에 따라 가감하여 채점합니다.
5) 위생복, 위생모, 앞치마를 착용하여야 하며, 시험장비·조리도구 취급 등 안전에 유의합니다.
6) 다음 사항은 실격에 해당하여 **채점 대상에서 제외**됩니다.
   가) 수험자 본인이 시험 도중 시험에 대한 포기 의사를 표현하는 경우
   나) 위생복, 위생모, 앞치마, 마스크를 착용하지 않은 경우
   다) 시험시간 내에 과제 두 가지를 제출하지 못한 경우
   라) 문제의 요구사항대로 과제의 수량이 만들어지지 않은 경우
   마) 완성품을 요구사항의 과제(요리)가 아닌 다른 요리(예. 달걀말이 → 달걀찜)로 만든 경우
   바) 불을 사용하여 만든 조리작품이 작품특성에 벗어나는 정도로 타거나 익지 않은 경우
   사) 해당과제의 지급재료 이외 재료를 사용하거나, 요구사항의 조리기구(석쇠 등)로 완성품을 조리하지 않은 경우
   아) 지정된 수험자지참준비물 이외의 조리기술에 영향을 줄 수 있는 기구를 사용한 경우
   자) 가스레인지 화구 2개 이상(2개 포함) 사용한 경우
   차) 시험 중 시설·장비(칼, 가스레인지 등) 사용 시 시험위원 및 타수험자의 시험 진행에 위해를 일으킬 것으로 시험위원 전원이 합의하여 판단한 경우
   카) 요구사항에 표시된 실격 및 부정행위에 해당하는 경우
7) 항목별 배점은 위생상태 및 안전관리 5점, 조리기술 30점, 작품의 평가 15점입니다.
8) 시험시작 전 가벼운 몸 풀기(스트레칭) 동작으로 긴장을 풀고 시험을 시작합니다.

지급재료목록

- 햄버거 빵 ·············· 1개
- 소고기(살코기, 방심) ······100g
- 양파(중, 150g 정도) ········ 1개
- 셀러리 ················· 30g
- 빵가루(마른 것) ·········· 30g
- 달걀 ·················· 1개
- 토마토(중, 150g 정도, 둥근 모양이 되도록 잘라서 지급) ········ 1/2개
- 양상추 ················· 20g
- 버터(무염) ·············· 15g
- 식용유 ················· 20ml
- 소금(정제염) ············· 3g
- 검은 후춧가루············· 1g

만드는 법

소고기 반죽

소고기 굽기

토마토 얹기

반으로 가르기

01 햄버거 빵은 가로로 반을 자른 후 버터를 살짝 발라 팬에 굽는다.

02 양상추는 찬물에 담가둔다.

03 토마토는 0.5cm 정도의 두께로 원형으로 잘라 소금을 약간 뿌려 두었다가 수분을 제거한다.

04 양파는 0.5cm 정도의 두께로 원형으로 자르고, 나머지는 곱게 다진다. 셀러리는 섬유질을 제거한 후 곱게 다진다.

05 소고기는 기름기를 제거한 후 곱게 다진다.

06 양상추는 물기를 제거하고 햄버거 빵크기에 맞추어 손으로 자른다.

07 원형으로 썬 양파는 기름없는 팬에 구워내고 다진 양파와 셀러리는 기름을 약간 두르고 볶은 후 펼쳐서 식힌다.

08 넓은 볼에 다진 소고기와 볶아서 식힌 양파, 셀러리, 소금, 검은 후춧가루, 달걀물 1큰술, 빵가루 1~2큰술을 넣고 고루 섞어 끈기가 생기도록 많이 치댄다.

09 치댄 고기는 햄버거 빵보다 직경이 1~1.5cm 크게 만들고, 두께는 0.6~0.7cm 정도로 둥글게 모양을 잡아 팬에 기름을 두르고 가장자리가 타지 않게 은근히 지져낸다.

10 햄버거 빵의 토스트한 면에 버터를 바르고 양상추를 놓고 그 위에 버터를 바르고 지져낸 고기, 양파, 토마토 순으로 얹은 후 햄버거 빵을 덮는다.

11 완성된 햄버거를 반으로 자른 후 완성그릇에 담아낸다.

📘 **시험장에서의 조리작업순서**

재료 확인 → 재료 손질 → 햄버거 빵(반으로 갈라서 버터를 발라 → 토스트) → 양상추 찬물에 담그기 → 토마토 썰기(원형 썰기 → 소금 → 수분 제거) → 원형 양파 썰기 → 양파, 셀러리 다지기 → 소고기 다지기 → 양상추 물기 제거 → 원형 양파 굽기 → 다진 양파, 셀러리 볶기 → 고기 반죽 → 모양 잡기 → 굽기 → 햄버거 만들기 → 자르기 → 완성그릇에 담기

참고사항

🌱 햄버거빵
- 지급된 빵이 반으로 갈라져 있지 않을 경우는 왼손으로 빵을 살짝 덮듯이 잡고 칼로 가로로 반을 나누어 사용한다.
- 버터를 발라 노릇하게 토스트한 빵은 다시 겹쳐 놓게 되면 눅눅해지므로 펼쳐서 식힌다.

🌱 고기반죽
- 양파, 셀러리는 곱게 다져서 볶은 후 식혀 고기와 섞어 오래 치대야 끈기가 생기고 지져 놓았을 때 갈라지는 곳이 없이 매끈하다.

🌱 고기모양 잡기
- 고기가 익으면 원래 크기보다 줄어들므로 빵크기보다 크게 잡고 두께는 요구사항보다 얇게 잡는다.

🌱 지지기
- 불이 세면 겉은 타고 속은 익지 않으므로 양 표면을 먼저 익히고 불을 줄여 속까지 익힌다.

🌱 자르기
- 칼을 살짝 불에 달구어 썰면 단면이 깨끗하며 왼손으로 빵을 지그시 눌러 손자국이 남지 않도록 한다.

파스타 | 시험시간 35분

29 토마토소스 해산물 스파게티
(Seafood Spaghetti Tomato Sauce)

토마토소스 해산물 스파게티는 상큼한 토마토소스에 해산물을 추가하여 맛을 낸 파스타의 일종으로 한국 사람들이 좋아하는 파스타의 하나이다.

요구 사항

※ 주어진 재료를 사용하여 다음과 같이 [토마토소스 해산물스파게티]를 만드시오.

가. 스파게티 면은 al dante(알 덴테)로 삶아서 사용하시오.
나. 조개는 껍질째, 새우는 껍질을 벗겨 내장을 제거하고, 관자살은 편으로 썰고, 오징어는 0.8cm×5cm 정도 크기로 사용하시오.
다. 해산물은 화이트와인을 사용하여 조리하고, 마늘과 양파는 토마토소스와 해산물조리에 나누어 사용하시오.
라. 바질을 넣은 토마토소스를 만들어 사용하시오.
마. 스파게티는 토마토소스에 버무리고 다진 파슬리와 슬라이스한 바질을 넣어 완성하시오.

수험자 유의사항 공통

1) 만드는 순서에 유의하며, 위생과 숙련된 기능평가를 위하여 조리작업 시 맛을 보지 않습니다.
2) 지정된 수험자지참준비물 이외의 조리기구나 재료를 시험장 내에 지참할 수 없습니다.
3) 지급재료는 시험 전 확인하여 이상이 있을 경우 시험위원으로부터 조치를 받고 시험 중에는 재료의 교환 및 추가지급은 하지 않습니다.
4) 요구사항의 규격은 "정도"의 의미를 포함하며, 지급된 재료의 크기에 따라 가감하여 채점합니다.
5) 위생복, 위생모, 앞치마를 착용하여야 하며, 시험장비·조리도구취급 등 안전에 유의합니다.
6) 다음 사항에 대해서는 **채점대상에서 제외**됩니다.
   가) 수험자 본인이 시험 도중 시험에 대한 포기 의사를 표현하는 경우
   나) 위생복, 위생모, 앞치마, 마스크를 착용하지 않은 경우
   다) 시험시간 내에 과제 두 가지를 제출하지 못한 경우
   라) 문제의 요구사항대로 과제의 수량이 만들어지지 않은 경우
   마) 완성품을 요구사항의 과제(요리)가 아닌 다른 요리(예, 달걀말이 → 달걀찜)로 만든 경우
   바) 불을 사용하여 만든 조리작품이 작품특성에 벗어나는 정도로 타거나 익지 않은 경우
   사) 해당과제의 지급재료 이외 재료를 사용하거나, 요구사항의 조리기구(석쇠 등)로 완성품을 조리하지 않은 경우
   아) 지정된 수험자지참준비물 이외의 조리기술에 영향을 줄 수 있는 기구를 사용한 경우
   자) 가스레인지 화구 2개 이상(2개 포함) 사용한 경우
   차) 시험 중 시설·장비(칼, 가스레인지 등) 사용 시 시험위원 및 타수험자의 시험 진행에 위해를 일으킬 것으로 시험위원 전원이 합의하여 판단한 경우
   카) 요구사항에 표시된 실격 및 부정행위에 해당하는 경우
7) 항목별 배점은 위생상태 및 안전관리 5점, 조리기술 30점, 작품의 평가 15점입니다.
8) 시험시작 전 가벼운 몸 풀기(스트레칭) 동작으로 긴장을 풀고 시험을 시작합니다.

지급재료목록

[스파게티 삶기]
- 스파게티(건조면) ············ 70g
- 소금(정제염) ················· 2g
- 식용유 ······················· 10ml
- 올리브오일 ··················· 10ml

[토마토소스]
- 올리브오일 ··················· 15g
- 양파(중, 150g 정도 1/2개 중) ············ 2/3개
- 토마토(캔, 홀필드, 국물 포함) ············ 300g
- 마늘 ························· 2쪽
- 소금(정제염) ················· 3g
- 흰 후춧가루 ·················· 적량
- 바질(신선한 것) ·············· 2잎

[해산물볶기]
- 올리브오일 ··················· 15g
- 마늘 ························· 1쪽
- 양파(중, 150g 정도 1/2개 중) ············ 1/3개
- 새우(껍질있는 것) ············ 3마리
- 파슬리(잎, 줄기포함) ········· 1줄기
- 모시조개(지름 3cm 정도, 바지락 대체가능) ············ 3개
- 오징어(몸통) ················· 50g
- 관자살(50g 정도 또는 작은 관자 3개 정도) ············ 1개
- 화이트와인 ··················· 20ml
- 방울토마토(붉은색) ··········· 2개
- 바질(신선한 것) ·············· 4잎

만드는법

스파게티 삶기

토마토소스 만들기

해산물 볶기

완성하기

01 끓는 물에 소금과 식용유를 넣고 스파게티를 알 덴테(al dante-스파게티의 속심이 살짝 남아있는 상태)로 삶아 물기를 빼고 올리브오일을 넣고 버무려 서로 붙지 않도록 잘 식힌다.

02 마늘과 양파, 캔토마토는 다지고, 파슬리는 잎만 모아 곱게 다진 후 면보에 싸서 물에 헹구어 물기를 꼭 짜서 파슬리 가루를 만든다.

03 바질은 슬라이스한다.

04 새우는 내장을 제거하고 머리쪽 1마디, 꼬리쪽 1마디, 껍질은 남기고 나머지 껍질을 벗기고, 오징어는 껍질을 벗겨 0.6cm 두께로 썬다.

05 모시조개는 소금물에 해감하고, 관자는 막을 제거하고 작은 것은 그대로 큰 것은 반으로 가른다.

06 방울토마토는 반으로 가른다.

07 (토마토소스 만들기) – 냄비에 올리브오일을 두르고 다진 마늘과 양파를 충분히 볶다가 다진 캔토마토와 국물을 넣고 슬라이스한 바질(2장)을 넣어 조리면서 소금과 흰 후춧가루로 간을 한다.

08 (해산물 볶기) – 팬에 올리브오일을 두르고 다진 마늘과 양파를 볶다가 모시조개, 오징어, 새우, 관자살을 넣고 센 불에서 잠시 볶으면서 화이트와인을 넣고 팬을 기울여 불길이 닿도록(후람베) 조리하여 살짝 조린 후 방울토마토를 넣고 다시 한 번 볶는다.

09 볶은 해산물에 토마토소스를 넣어 살짝 끓이다가 삶은 면을 넣고 소스와 잘 어우러지도록 한 후 소금과 흰 후춧가루로 간을 하고 슬라이스 한 바질, 파슬리 가루를 넣어 버무려 완성한다.

> **시험장에서의 조리작업순서**
> 재료 확인 → 스파게티 삶기(소금, 식용유) → 재료 썰기(마늘, 양파, 캔토마토 다지기, 바질 슬라이스, 파슬리 가루, 해산물 손질) → 토마토소스 만들기(올리브오일, 다진 마늘과 양파, 캔토마토, 슬라이스한 바질, 소금, 흰 후춧가루) → 해산물 볶기(올리브오일, 다진 마늘과 양파, 해산물, 화이트와인, 방울토마토) → 해산물 볶은 것과 토마토소스를 섞어서 삶은 면 넣기 → 소금, 흰 후춧가루 간하기 → 슬라이스 바질과 파슬리 가루를 넣어 완성하기

참고사항

🧑‍🍳 스파게티 삶기

- 스파게티 삶을 물은 파스타가 불어도 물에 잠길 수 있을 만큼 충분한 양을 준비하여 삶도록 하며 (보통 스파게티면 100g당 물 1리터) 물의 양이 적으면 끈적거려 잘 삶아지지 않으므로 주의한다. 물이 끓으면 소금과 식용유를 넣고 넣고 면을 시계방향으로 손을 돌리면서 넣어 면이 뭉치지 않도록 펼쳐서 삶는다.
- 알 덴테(al dante)는 파스타를 먹을 때 꼬들꼬들하고 쫄깃하게 씹히도록 삶는 것으로 제품에 따라 면의 굵기가 다른데 약 5~7분 가량 삶으면 적당하다.

🧑‍🍳 삶은 면 처리방법

- 삶은 면은 물에 헹구지 않고 체에 받쳐 물기를 빼고 그대로 바로 사용하거나, 시간이 여유치 않을 경우는 올리브오일에 버무려 서로 붙지 않도록 잘 식혀 두었다가 사용한다.

🧑‍🍳 토마토소스 만들기

- 캔토마토는 지급되는 국물도 모두 사용하여 진한 맛을 내도록 하며 소스를 끓일 때는 뚜껑을 열어서 불순물을 휘발시켜서 은은한 맛을 내도록 한다.

🧑‍🍳 해산물 볶기

- 후람베(flambe)는 "태우는" 또는 "타오르는"이라는 뜻의 프랑스어로 음식을 볶다가 알코올 성분과 함께 화력으로 음식의 잡내를 날려버리는 작업으로 해산물을 볶으면서 화이트와인을 넣고 약간 후라이팬을 기울여서 불을 입혀 알코올을 날려 해산물의 잡내도 없애고 풍미도 줄 수 있는 조리법이다.

🧑‍🍳 완성하기

- 해산물 볶은 것에 토마토소스를 넣고 삶은 면을 넣어 어우러지도록 섞을 때 소스가 되직하면 면수(스파게티 삶은 물)를 조금 넣어 농도를 조절한다.

| 파스타 | 시험시간 30분 |

30 스파게티 카르보나라
(Spaghetti Carbonara)

스파게티 카르보나라는 크림소스로 만든 파스타 요리 중 하나로 베이컨, 치즈, 달걀 노른자를 이용해서 만든 부드러운 맛이 인상적인 파스타이다.

요구 사항

※ 주어진 재료를 사용하여 다음과 같이 [스파게티 카르보나라]을 만드시오.

가. 스파게티 면은 al dante(알 덴테)로 삶아서 사용하시오.
나. 파슬리는 다지고 통후추는 곱게 으깨서 사용하시오.
다. 베이컨은 1cm 정도 크기로 썰어, 으깬 통후추와 볶아서 향이 잘 우러나게 하시오.
라. 휘핑크림은 달걀 노른자를 이용한 리에종(liaison)과 소스에 사용하시오.

30 스파게티 카르보나라

수험자 유의사항 공통

1) 만드는 순서에 유의하며, 위생과 숙련된 기능평가를 위하여 조리작업 시 맛을 보지 않습니다.
2) 지정된 수험자지참준비물 이외의 조리기구나 재료를 시험장 내에 지참할 수 없습니다.
3) 지급재료는 시험 전 확인하여 이상이 있을 경우 시험위원으로부터 조치를 받고 시험 중에는 재료의 교환 및 추가지급은 하지 않습니다.
4) 요구사항의 규격은 "정도"의 의미를 포함하며, 지급된 재료의 크기에 따라 가감하여 채점합니다.
5) 위생복, 위생모, 앞치마를 착용하여야 하며, 시험장비·조리도구취급 등 안전에 유의합니다.
6) 다음 사항에 대해서는 **채점대상에서 제외**됩니다.
   가) 수험자 본인이 시험 도중 시험에 대한 포기 의사를 표현하는 경우
   나) 위생복, 위생모, 앞치마, 마스크를 착용하지 않은 경우
   다) 시험시간 내에 과제 두 가지를 제출하지 못한 경우
   라) 문제의 요구사항대로 과제의 수량이 만들어지지 않은 경우
   마) 완성품을 요구사항의 과제(요리)가 아닌 다른 요리(예, 달걀말이→달걀찜)로 만든 경우
   바) 불을 사용하여 만든 조리작품이 작품특성에 벗어나는 정도로 타거나 익지 않은 경우
   사) 해당과제의 지급재료 이외 재료를 사용하거나, 요구사항의 조리기구(석쇠 등)로 완성품을 조리하지 않은 경우
   아) 지정된 수험자지참준비물 이외의 조리기술에 영향을 줄 수 있는 기구를 사용한 경우
   자) 가스레인지 화구 2개 이상(2개 포함) 사용한 경우
   차) 시험 중 시설·장비(칼, 가스레인지 등) 사용 시 시험위원 및 타수험자의 시험 진행에 위해를 일으킬 것으로 시험위원 전원이 합의하여 판단한 경우
   카) 요구사항에 표시된 실격 및 부정행위에 해당하는 경우
7) 항목별 배점은 위생상태 및 안전관리 5점, 조리기술 30점, 작품의 평가 15점입니다.
8) 시험시작 전 가벼운 몸 풀기(스트레칭) 동작으로 긴장을 풀고 시험을 시작합니다.

지급재료목록

[스파게티 삶기]
- 스파게티(건조면) ········· 80g
- 소금(정제염) ··············· 3g
- 식용유 ························ 10ml
- 올리브오일 ·················· 20ml

[리에종]
- 달걀 노른자 ················ 1개

- 휘핑크림 ····················· 30ml

[소스]
- 버터(무염) ··················· 10g
- 베이컨(길이 25~30cm) ··· 1조각
- 휘핑크림 ····················· 150ml
- 소금(정제염) ··············· 2g
- 검은 통후추 ················· 5개

- 파마산치즈가루 ············ 10g
- 파슬리(잎, 줄기 포함) ···· 1줄기

🍲 만드는법

리에종 만들기

카르보나라 만들기

리에종 넣기

완성하기

01 끓는 물에 소금과 식용유를 넣고 스파게티를 알 덴테(al dante-스파게티의 속심이 살짝 남아있는 상태)로 삶아 물기를 빼고 올리브오일을 넣고 버무려 서로 붙지 않도록 잘 식힌다.

02 통후추는 곱게 으깨고, 파슬리는 잎만 모아 곱게 다진 후 면보에 싸서 물에 헹구어 물기를 꼭 짜서 파슬리 가루를 만든다.

03 베이컨은 1cm 정도로 썬다.

04 (리에종(Liaison) 만들기) – 달걀 노른자 1개에 휘핑크림 30ml를 섞어 곱게 잘 풀어 리에종을 만든다.

05 팬에 버터를 넣어 베이컨이 타지 않고 베이컨의 지방이 빠져 나오도록 잘 볶으면서 으깬 통후추를 넣어 향이 잘 우러나게 볶는다.

06 05에 삶은 면을 넣어 잠시 볶으면서 휘핑크림(150ml)을 넣고 살짝 조리듯 저어준다(중불). 여기에 소금간을 약하게 하고 불을 끄면서 리에종(달걀 노른자 1개 + 휘핑크림 30ml(2큰술))을 넣어 분리되지 않게 농도를 잘 맞추어 스파게티와 크림소스가 잘 어우러지도록 재빠르게 휘저어 준다.

07 06에 파마산 치즈가루, 파슬리가루를 넣어 버무려 완성한다.

🔖 시험장에서의 조리작업순서

재료 확인 → 스파게티면 삶기(소금, 식용유) → 재료 썰기(통후추 으깨기, 파슬리가루 만들기, 베이컨 썰기) → 리에종 만들기(노른자 1개 + 휘핑크림 30ml) → 카르보나라 만들기(팬에 버터 + 베이컨, 으깬 통후추 볶기) + 삶은 면 넣어 볶기 + 휘핑크림(150ml) 넣기 + 소금 + 리에종(달걀 노른자 1개 + 휘핑크림 30ml) 넣기 → 마무리 짓기(파마산치즈가루 + 파슬리가루 넣어 버무리기)

참고사항

🍀 스파게티 삶기
- 스파게티 삶을 물은 파스타가 불어도 물에 잠길 수 있을 만큼 충분한 양을 준비하여 삶도록 하며(보통 100g당 물 1리터) 물의 양이 적으면 끈적거려 잘 삶아지지 않으므로 주의한다. 물이 끓으면 소금과 식용유를 넣고 면을 시계방향으로 손을 돌리면서 넣어 면이 뭉치지 않도록 펼쳐서 삶는다.
- 알 덴테(al dante)는 파스타를 먹을 때 꼬들꼬들하고 쫄깃하게 씹히도록 삶는 것으로 제품에 따라 면의 굵기가 다른데 약 5~7분 가량 삶으면 적당하다.

🍀 삶은 면 처리방법
- 삶은 면은 물에 헹구지 않고 체에 밭쳐 물기를 빼고 그대로 바로 사용하거나, 시간이 여의치 않을 경우는 올리브오일에 버무려 서로 붙지 않도록 잘식혀 두었다가 사용한다.

🍀 카르보나라 만들기
- 팬에 버터를 넣을 때 버터가 낮은 온도에서 타므로 주의하며 베이컨을 황금색이 나도록 충분히 볶고, 으깬 통후추를 넣어 볶으면서 삶은 면을 넣고 살짝 볶는다. 여기에 휘핑크림을 넣고 저어줄 때 소스와 면이 어우러지도록 중불에서 살짝 조리며 리에종이 들어가면 농도가 생기므로 리에종을 넣기 전 크림상태가 되직하지 않도록 주의한다. 리에종을 넣고는 불을 꺼서 농도를 맞추면서 재빠르게 저어 섞는다.

🍀 리에종(Liaison)
- 리에종은 소스, 수프, 스튜 등의 농후제로 사용되는 혼합물을 말하며 달걀 노른자, 옥수수 가루, 크림 등이 사용되는데 스파게티 카르보나라에는 달걀 노른자와 휘핑크림(생크림)을 섞어서 사용한다.

🍀 소스가 분리되지 않도록 하기 위한 방법
- 휘핑크림을 넣고는 센 불에서 오래 끓이지 않도록 한다(중불에서 살짝 면과 혼합하듯이 끓이기).
- 레종(달걀 노른자 + 휘핑크림)을 넣기 전에 불을 끄고 넣어주어 재빠르게 섞는다. 이때 열을 가하게 되면 분리(curdle(커어들) ; 열에 노출되면 분리되는 현상)되므로 주의한다.

양식조리기능사
실기시험문제

발 행 일	2025년 1월 05일 개정 16판 1쇄 인쇄
	2025년 1월 10일 개정 16판 1쇄 발행
저 자	조리기능장/조리학 박사 노수정
발 행 처	 http://www.crownbook.com
발 행 인	李尙原
신고번호	제 300-2007-143호
주 소	서울시 종로구 율곡로13길 21
공 급 처	(02) 765-4787, 1566-5937
전 화	(02) 745-0311~3
팩 스	(02) 743-2688, 02) 741-3231
홈페이지	www.crownbook.co.kr
I S B N	978-89-406-4875-9 / 13590

특별판매정가 20,000원

이 도서의 판권은 크라운출판사에 있으며, 수록된 내용은
무단으로 복제, 변형하여 사용할 수 없습니다.
Copyright CROWN, ⓒ 2025 Printed in Korea

이 도서의 문의를 저자(010-5494-0990)에게 연락주시면
친절하게 응답해 드립니다.

한국산업인력공단
새 출제기준에 따른 최신판!!

양식 조리기능사 실기시험문제

별책부록 핵심요약집

크라운출판사
국가자격시험문제 전문출판
http://www.crownbook.co.kr

※ 재료들을 자르는 것에 있어서 크기나 길이 등은 요구사항에서 제시되는 것도 있으므로 반드시 시험장에서 제시하는 요구사항과 재료목록을 확인하시기 바랍니다.

01 치즈오믈렛

01 달걀은 거품기를 이용하여 잘 푼 후 소금을 약간 넣고 체에 내린다.

02 치즈는 0.5cm 크기로 일정하게 썬다(½은 달걀물에 넣고, ½은 속재료에 활용한다).

03 풀어놓은 달걀물에 치즈(썬 것의 ½)와 생크림(우유)을 넣어 함께 섞는다.

04 오믈렛 팬을 잘 달군 후 식용유를 충분히 두르고 코팅한다. 남은 기름은 따라 내고, 중불의 온도에서 버터를 두르고, 버터가 녹으면 달걀물을 부은 다음 나무젓가락으로 재빨리 저어 부드럽게 스크램블한다.

05 불을 낮추고, 달걀이 반 정도 익었을 때 남은 치즈(½)를 가운데 넣고 타원형으로 말아준다(익지 않은 달걀이 흐르지 않도록 한다).

06 겉모양새가 통통한 럭비공 모양이 되도록 굴려가면서 모양을 잡아 접시에 담아낸다.

02 스패니쉬 오믈렛

01 달걀은 거품기를 이용하여 잘 푼 후 체에 내리고 생크림을 섞어 준비한다.

02 양파, 양송이, 청피망, 베이컨은 사방 0.5cm 크기의 주사위 모양으로 썰어 오믈렛 소를 만든다.

03 토마토도 껍질과 씨를 제거하고 0.5cm 크기의 주사위 모양으로 잘게 썬다.

04 팬에 베이컨을 넣고 볶다가 버터를 넣고 양파, 양송이, 청피망, 토마토 순으로 볶은 다음 토마토케첩을 넣고 조금 더 볶아 주고 소금과 검은 후춧가루로 간을 하여 오믈렛 소를 만든다.

05 오믈렛 팬을 잘 달군 후 식용유를 충분히 두르고 코팅한다. 남은 기름은 따라 내고 중불의 온도에서 버터를 두르고, 버터가 녹으면 달걀물을 부은 다음 나무젓가락으로 재빨리 저어 부드럽게 스크램블 하여 반 정도 익었을 때 04의 볶은 속재료를 가운데 길게 배열하여 넣은 후 오믈렛 팬을 기울여 타원형(럭비공)으로 말아준다(오믈렛 소가 흘러나오지 않게 한다).

06 모양을 잡아 완성접시에 담아낸다.

03 쉬림프 카나페

01 냄비에 1½C 정도의 물을 붓고 불에 올려 새우 삶을 준비를 한다. 파슬리는 찬물에 담가 둔다.

02 새우는 소금 탄 물에 젓가락을 이용해 흔들어 씻은 후 체에 밭쳐 등쪽 2~3번째 마디에서 이쑤시개를 사용해 내장을 제거한다.

03 새우 삶을 물에 미르포아(양파채, 당근채, 셀러리채)와 소금, 레몬을 넣고 끓여 뚜껑을 연 채 손질한 새우를 삶아 식힌다.

04 냄비에 달걀을 넣고 달걀이 잠길 만큼의 물을 부은 후 소금을 넣어 달걀을 삶는다. 이때 물이 미지근해지면 한쪽 방향으로 달걀이 터지지 않도록 조심스럽게 3~5분간 저어 노른자가 중앙에 오도록 완숙으로 삶아 찬물에 식힌다(달걀 삶는 총 소요시간은 15분 정도이다).

05 식빵은 네 귀퉁이를 잘라내고 4등분한 후 모서리를 조금씩 다듬어가며 직경 4cm 원형으로 만들어 팬에 기름을 두르지 않고 앞뒤를 노릇하게 토스트 하여 식힌다.

06 파슬리는 물기를 제거하고 넓지 않은 잎으로 떼어서 준비한다.

07 식힌 새우는 머리와 껍질을 제거하고 반으로 갈라 꼬리를 세워둔다.

08 식힌 달걀은 껍질을 제거하고 칼을 이용하여 자른다.

09 토스트한 빵 위에 버터를 바르고 달걀, 새우 순으로 얹는다. 젓가락을 이용해 토마토케첩을 새우에 얹고 파슬리로 장식한다.

10 완성그릇에 담고 남은 파슬리의 물기를 제거하여 가운데 장식한다.

04 참치 타르타르

01 냉동 참치는 연한 소금물에 잠시 담가 해동시킨다.

02 (샐러드 부케 만들기) - 롤라로사와 그린치커리는 찬물에 담가 싱싱하게 살린다. 지급된 차이브 중 반은 물에 함께 담가놓고 반은 끓는 물에 살짝 데쳐 냉수에 헹궈 물기를 제거한다. 붉은색 파프리카의 일부는 길고 가늘게 채썬다. 롤라로사에 그린치커리, 차이브, 붉은색 파프리카를 얹듯이 자연스럽게 감싸 데쳐둔 차이브로 밑동을 돌돌 말아 묶고 끝을 살짝 잘라 정리한다. 오이는 홈을 내서 말아둔 샐러드 부케를 꽂아 고정시킨다.

03 (채소 비네그레트) - 양파, 붉은색과 노란색 파프리카, 오이는 가로와 세로 2mm 정도의 작은 주사위 모양으로 썰고 파슬리와 딜은 다진다. 둥근 볼에 준비한 채소와 올리브오일, 식초, 소금을 넣고 섞어 채소 비네그레트를 완성한다.

04 (참치 타르타르) - 살짝 해동시킨 참치는 거즈로 물기를 제거하고 가로세로 3~4mm 정도의 작은 주사위 모양으로 자른 후 마른 면보에 싸서 핏물을 제거하고 양파, 그린올리브, 케이퍼, 처빌은 다진다. 둥근 볼에 핏물을 제거한 참치와 다진 재료를 섞고, 레몬즙, 올리브오일, 핫소스, 소금, 흰 후춧가루를 넣고 부드럽게 섞어 참치 타르타르를 만든다.

05 접시 가운데에 샐러드 부케를 놓고 스푼 2개를 이용하여 형태로 모양을 잡아 부케 주변으로 3개를 만들어 돌려 담고 채소 비네그레트를 뿌려낸다(샐러드 부케에도 살짝 뿌리기).

05 브라운 스톡

01 소뼈 데칠 물을 준비한다.

02 소뼈의 기름기 등을 제거하고 찬물에 담가 핏물을 뺀다.

03 양파, 당근, 셀러리는 큼직하게(Mirepoix ; 미르포아) 썰고 토마토는 껍질과 씨를 제거하고 큼직하게 썬다.

04 파슬리줄기, 월계수잎, 정향, 통후추, 다임을 다시백에 넣고 묶어 사세 데피스(sachet d'epice)를 만든다.

05 끓는 물에 핏물을 뺀 소뼈를 데쳐낸 후 냉수에 헹궈 놓는다.

06 팬에 식용유를 소량 넣고 데쳐둔 소뼈를 앞뒤로 갈색이 나도록 굽는다. 소뼈가 구워지면 냄비에 버터를 약간 두르고 양파를 넣어 진한 갈색이 날 때까지 구우면서 셀러리와 당근을 넣고 진한 갈색이 나도록 더 굽는다.

07 냄비에 갈색으로 구워낸 소뼈, 양파, 당근, 셀러리와 토마토를 담고 물 3컵과 사세 데피스를 넣어 끓인다.

08 스톡이 끓으면 불을 줄이고 기름과 거품을 제거하면서 뭉근히 끓인다.

09 스톡이 진한 갈색이 나면 면보에 거른다(이때 소금간은 하지 않는다).

10 완성된 브라운 스톡 1컵(200ml 이상)을 그릇에 담아낸다.

06 비프 콘소메

01 지급받은 양파의 1/4 정도를 떼어 후라이팬에 기름을 두르지 말고 진한 갈색으로 구워 어니언 브루리를 만든다.

02 양파, 당근, 셀러리는 채썰고, 다지지 않은 소고기가 지급되면 기름기는 떼어내고 다진다.

03 토마토는 껍질과 씨를 제거하고 다진다.

04 파슬리줄기, 월계수잎, 정향, 검은 통후추를 굵은 실로 묶어 부케가르니를 만든다.

05 달걀흰자는 거품기로 충분히 거품을 낸다(흐르지 않을 정도로 거품을 낸다).

06 달걀흰자거품에 채썬 양파, 당근, 셀러리, 다진 소고기, 토마토를 넣고 섞는다.

07 냄비에 물(비프 스톡)과 달걀흰자 혼합물을 붓고 구운 양파(어니언 브루리)와 부케가르니를 넣어 끓인다.

08 끓기 시작하면 불을 약하게 줄이고 가운데 구멍을 낸 다음 은근하게 끓여준다.

09 스프의 색깔이 맑은 갈색이 되면 소금, 후추로 간 한 다음 면보에 걸러 완성그릇에 담아낸다(200ml 이상).

07 피시 차우더 수프

01 생선살은 익으면서 약간 줄어들므로 사방 1.2cm로 썰어 냄비에 찬물 2컵과 양파 2~3쪽을 넣어 삶은 후 면보에 밭쳐 물은 육수(생선스톡)로 사용하고 생선살은 따로 준비한다.

02 감자, 양파, 셀러리는 0.7cm×0.7cm×0.1cm로 썬다.

03 베이컨은 가로, 세로 1cm로 썰어 끓는 물에 데쳐 기름기를 제거한다. 월계수잎에 정향을 끼워 준비한다.

04 팬에 버터(식용유)를 두르고 양파, 셀러리, 감자 순으로 살짝 볶아낸다.

05 냄비에 버터와 밀가루를 넣고 약불에서 볶아 화이트 루를 만든다.

06 화이트 루에 01의 육수(생선스톡)를 조금씩 넣어가며 몽우리가 생기지 않도록 푼 후 월계수잎과 정향을 넣어 끓인다.

07 농도가 약간 나면 데쳐 놓은 베이컨, 볶은 양파, 셀러리, 감자 순으로 넣고 끓이다가 우유를 넣고 살짝 끓인다.

08 재료가 익으면 월계수잎과 정향을 꺼내고, 01의 생선살을 넣고 소금과 흰 후추로 간을 맞추어 완성그릇에 담아낸다(200ml 이상).

08 프렌치 어니언 수프

01 양파는 양쪽 끝을 잘라 낸 후 결대로 얇고 굵기가 일정하게 채 썰고 마늘은 다진다.

02 파슬리는 잎만 떼어 곱게 다지고 면보에 싸서 물에 헹구어 물기를 꼭 짜서 파슬리 가루를 만든다.

03 다진 마늘과 파슬리 가루, 버터를 섞어 마늘버터를 만든다.

04 0.5cm 두께로 썬 바게뜨 빵 한면에 마늘버터를 잘 펴서 바르고 팬에 양면을 토스트한 후 마늘버터 바른 면에 뜨거울 때 파마산 치즈를 뿌려 마늘 빵을 준비한다(마늘버터 바른 면이 뜨거울 때 뿌린다).

05 냄비에 버터를 두르고 녹으면 채썬 양파를 넣고 중불에서 갈색이 날 때까지 충분히 볶는다. 이때 백포도주를 넣고 볶은 다음 물(맑은 스톡)을 넣고 은근하게 끓이면서 거품을 제거하고 소금, 검은 후춧가루로 간을 한다.

06 완성그릇에 수프를 담고, 마늘빵을 따로 담아낸다(200ml 이상).

09 포테이토 크림 수프

01 감자는 껍질을 벗겨 얇게 편썰기 하거나 채썰어서 찬물에 담가 전분기를 제거해 놓는다.

02 양파와 대파(흰 부분)는 얇게 채썬다.

03 식빵은 사방 0.8cm 크기의 주사위 모양으로 썰어 버터에 노릇하게 볶아 크루톤(Crouton)을 만든다.

04 냄비에 버터를 두르고 녹으면 곱게 채썬 양파와 대파를 넣어 볶다가 감자를 넣어 색이 나지 않게 살짝 볶는다.

05 04에 물(치킨스톡)과 월계수잎을 넣고 센불에서 끓이다가 끓으면 불을 중불 이하로 줄이고 거품을 제거하면서 감자가 푹 무르도록 끓인다.

06 감자가 푹 무르면 월계수잎을 건져내고 체에 내린다.

07 감자 거른 것을 다시 냄비에 담고 생크림을 넣어 살짝 끓인 후 소금, 흰 후춧가루로 간을 한다.

08 완성그릇에 수프 200ml 이상을 담고 크루톤을 띄워 제출한다.

10 미네스트로니 수프

01 냄비에 물을 올려 끓으면 스파게티를 넣고 삶아 1.2cm 길이로 자른다.

02 베이컨은 1.2×1.2cm로 썰어 끓는 물에 데쳐 기름기를 제거하고, 양파, 당근, 셀러리, 무, 양배추는 1.2×1.2×0.2cm 크기로 썬다. 토마토는 껍질과 씨를 제거한 후 같은 크기로 썬다.

03 마늘은 다지고, 파슬리는 잎만 모아 곱게 다져 면보에 싸서 물에 헹구어 물기를 꼭 짜서 파슬리 가루를 만든다.

04 월계수잎에 정향을 꽂아 준비한다.

05 냄비에 버터를 두르고 다진 마늘, 베이컨, 양파, 당근, 셀러리, 무, 양배추 순으로 볶은 뒤 토마토 페이스트를 넣고 약불에서 떫은 맛이 나지 않도록 충분히 볶는다.

06 05에 토마토를 넣어 볶으면서 물(치킨 스톡)과 월계수잎에 정향 꽂은 것을 넣고 거품과 기름을 걷어 내며 끓인다.

07 06에 스파게티와 스트링빈스, 완두콩을 넣어 다시 한번 끓인 후 월계수잎에 정향 꽂은 것을 건져내고 소금, 검은 후춧가루로 간을 한다.

08 완성그릇에 200ml 이상의 수프를 담고 파슬리 가루를 뿌려 낸다.

11 브라운 그래비 소스

01 양파, 당근, 셀러리는 길이 4cm, 두께 0.3cm 정도로 채썬다.

02 셀러리에 월계수잎을 정향으로 고정시켜 부케가르니를 만든다.

03 팬에 버터를 두르고 양파, 당근, 셀러리를 갈색이 나도록 볶는다.

04 냄비에 버터를 넣고 녹으면 밀가루를 넣어 약한 불에서 짙은 갈색이 나도록 볶아 브라운 루(Brown roux)를 만든다.

05 브라운 루에 토마토 페이스트를 넣고 신맛과 떫은 맛이 나지 않도록 충분히 볶은 후 물(브라운 스톡)을 조금씩 넣어 멍울 없이 잘 푼다.

06 05에 볶아둔 양파, 당근, 셀러리와 부케가르니를 넣고 은근하게 푹 끓인다.

07 농도가 걸쭉해지면 부케가르니를 건져내고 소금, 검은 후춧가루로 간을 한 뒤 체에 걸러서 완성그릇에 담는다(200ml 이상).

12 홀렌다이즈 소스

01 양파는 다지고 검은 통후추는 으깬다.

02 냄비에 다진 양파, 검은 통후추, 월계수잎, 파슬리 줄기, 식초와 물을 넣고 끓여 2큰술 정도가 되게 졸여서 면보에 걸러 허브 에센스를 만든다.

03 버터는 용기에 담아 냄비에 물을 넣고 그 위에 중탕으로 녹인다. 이때 버터에 물이 들어가지 않게 주의하며 표면에 뜬 거품을 제거하고 정제된 버터를 만든다.

04 물기 없는 볼에 달걀 노른자를 분리하여 둔다.

05 중탕하여 녹은 버터는 건져내고 그 냄비 위에 면보를 깔고 04의 볼을 얹는다(중탕으로 소스 만들기).

06 달걀 노른자를 거품기로 저어가며 허브에센스를 약간 넣어 거품기로 잘 저어주며 중탕하여 녹인 버터를 조금씩 넣어 주고 되직해지면 허브에센스를 넣어주기를 반복한다.

07 버터가 모두 들어가고 알맞은 농도가 되면 레몬즙을 넣고, 소금, 흰 후춧가루로 간을 맞추고 완성그릇에 담는다(소스는 100ml 이상 제출한다).

13 이탈리안 미트소스

01 양파와 셀러리, 마늘은 곱게 다진다.

02 토마토는 열십자로 칼집을 내어 끓는 물에 데치거나 불에 구워 껍질과 씨를 제거하고 잘게 다진다(단, 시험장에서 소량이 제출되므로 위 과정을 거치지 않고 껍질과 씨를 제거하고 사용해도 무방하다).

03 소고기가 덩어리로 나오면 기름기와 힘줄을 제거하고 곱게 다지고 다진 소고기가 나오면 다시 한번 다져서 준비한다.

04 파슬리는 잎만 모아 곱게 다져 면보에 싸서 물에 헹구어 물기를 꼭짜서 파슬리 가루를 만든다.

05 냄비에 버터를 두르고 마늘, 양파, 셀러리 순으로 볶다가 다진 소고기를 넣어 볶는다.

06 05에 토마토 페이스트를 넣어 신맛과 떫은 맛이 없어지도록 충분히 볶아준 뒤 토마토 다진 것을 넣고 다시 한 번 볶아준 후 물과 월계수잎을 넣고 은근한 불에서 충분히 끓인다.

07 소스의 농도가 걸쭉해지면 월계수잎을 건져내고, 소금과 검은 후춧가루로 간을 하고 완성그릇에 150ml 이상 담은 후 파슬리 가루를 뿌려낸다.

14 타르타르소스

01 양파는 0.2cm 크기로 다져 소금을 살짝 뿌려 두었다가 면보에 꼭 짜고, 오이피클은 0.2cm 크기로 다진다.

02 달걀은 소금, 식초를 넣고 완숙으로 삶아 흰자는 0.2cm 크기로 다지고 노른자는 체에 내린다.

03 파슬리는 잎만 모아 곱게 다진 후 면보에 싸서 물에 헹구어 물기를 꼭 짜서 파슬리 가루를 만든다.

04 물기 없는 볼에 마요네즈를 담고 다진 양파, 오이피클, 달걀 노른자, 달걀 흰자, 파슬리 가루, 레몬즙, 소금, 흰 후춧가루를 넣고 잘 섞는다(식초를 넣기도 한다).

05 완성그릇에 타르타르소스를 담고(100ml 이상) 파슬리 가루를 살짝 뿌려낸다.

* 달걀이 완숙으로 익지 않을시 실격처리 되므로 삶는 시간에 유의한다.

15 월도프 샐러드

01 호두는 미지근한 물에 불리고, 양상추는 찬물에 담가둔다.

02 셀러리는 섬유질을 제거한 후 사방 1cm 크기로 썬다.

03 불린 호두는 속껍질을 이쑤시개를 이용하여 벗긴 후 사방 1cm 크기로 썰고 일부는 굵게 다진다.

04 사과는 깨끗이 씻어 껍질을 벗기고 씨를 제거한 후 사방 1cm 크기로 썰어(변색하지 않도록) 소금물이나 물에 레몬즙을 섞어 담가 놓는다.

05 양상추는 물기를 제거하고 적당한 크기로 손으로 뜯어 놓는다.

06 물기없는 볼에 마요네즈를 담고 레몬즙, 소금, 흰 후춧가루로 간을 맞추고 잘 섞은 후 물기 제거한 사과, 셀러리, 호두를 넣고 고루 버무린다.

07 완성그릇에 양상추를 깔고 버무린 샐러드를 담은 후 위에 굵게 다진 호두를 뿌려낸다.

16 포테이토 샐러드

01 감자 삶을 물을 미리 올려 준비한다.

02 감자는 깨끗이 씻은 후 껍질을 벗기고 사방 1cm 정도의 정육면체로 썬 다음 찬물에 헹궈 전분질을 제거한다.

03 끓는 물에 소금을 넣고 02의 감자를 넣어 삶아 건져 헹구지 말고 식힌다.

04 양파는 곱게 다져 소금을 약간 뿌려 두었다가 면보에 싸서 수분과 매운 맛을 제거한다.

05 파슬리는 잎만 떼어 곱게 다진 후 면보에 싸서 물에 헹구어 꼭 짜서 파슬리 가루를 만든다.

06 물기 없는 볼에 마요네즈를 담고 양파, 소금, 흰 후춧가루를 넣어 고루 섞은 후 삶은 감자를 넣고 으스러지지 않게 버무린다.

07 완성그릇에 버무린 샐러드를 담은 후 파슬리 가루를 뿌려낸다.

17 해산물 샐러드

01 (쿠르부용) - 쿠르부용에 사용할 미르포아(양파, 당근, 셀러리)는 작은 주사위 모양으로 썰고 마늘은 으깨고, 실파는 2.5cm 길이로 썬다. 냄비에 물을 담고 양파, 당근, 셀러리, 마늘, 실파와 월계수잎, 흰 통후추, 레몬 1쪽을 넣고 끓여 쿠르부용을 만든다.

02 (해산물) - 해산물용 새우는 소금물에 흔들어 씻어 등쪽의 내장을 제거하고, 새우 꼬리 끝의 검은색 부분에 물이 고여 있는 것을 말끔하게 긁어낸 후 쿠르부용에 넣어 삶아 바로 찬물에 식혀서 꼬리 1마디만 남기고 껍질을 벗긴다.

03 피홍합과 중합은 연한 소금물에 해감시킨 후 쿠르부용에 삶아 건져내어 식히고 껍질을 벌려 홍합살과 중합살을 꺼내 준비한다. 관자살은 질긴 막을 제거하고 0.3cm 두께로 원형 그대로 썰어 쿠르부용에 살짝 삶아 꺼내어 바로 식힌다.

04 (샐러드 채소) - 그린치커리, 양상추, 롤라로사, 딜은 적당한 크기로 손으로 떼어 찬물에 담가 싱싱하게 준비하여 물기를 제거한다.

05 (레몬 비네그레트) - 양파를 곱게 다져 물기를 제거하고 레몬즙과 올리브오일, 식초, 소금, 흰 후춧가루를 넣고 분리되지 않게 섞어 레몬 비네그레트를 만든다.

06 완성그릇에 채소와 데친 해산물을 담고 레몬 비네그레트를 뿌려낸다.

18 시저 샐러드

01 로메인 상추는 흐르는 물에 씻어 냉수에 담가 놓는다.

02 마요네즈만들기 – 볼에 달걀 노른자만 분리하여 넣고 디존 머스터드를 넣어 거품기로 잘 섞은 후 카놀라 오일을 조금씩 넣어 가며 농도가 나도록 젓는다. 되직하게 농도가 나올 때 소금, 레몬즙과 화이트와인 식초를 조금씩 첨가하여 마요제즈를 만든다(완성된 마요네즈의 100g은 별도로 제출하고 나머지 마요네즈는 시저 드레싱 만드는 데 사용한다).

03 시저 드레싱 만들기 – 마늘과 앤초비는 각각 다지고, 파미지아노 레기아노는 강판이나 채칼을 사용하여 갈아 놓는다. 마요네즈에 다진 마늘과 앤초비, 디존 머스타드, 레몬즙, 올리브 오일, 검은 후춧가루, 갈은 파미지아노 레기아노를 넣고 완전히 섞어 시저 드레싱을 완성한다(완성된 시저 드레싱의 100g은 별도로 제출하고 나머지 시저드레싱으로 시저 샐러드를 만든다).

04 곁들임 만들기 – 크루통–식빵의 겉부분을 잘라내고 1cm×1cm의 정사각형의 네모썰기하여 오일에 황금색이 나도록 볶아 완성한다. 바삭한 식감을 잃지 않기 위해 제출 직전에 뿌린다. 구운베이컨–베이컨을 폭 0.5cm로 썰어 팬에 볶아 기름을 완전히 빼놓는다. 파미지아노 레기아노–완성된 샐러드 위에 강판이나 채칼을 이용하여 뿌린다.

05 로메인 상추는 물기를 제거하고 손으로 뜯어 볼에 넣고 시저드레싱을 부어 조리용 스푼과 포크로 가볍게 무쳐 완성그릇에 담고 준비된 크루통과 구운베이컨을 샐러드와 어우러지게 충분히 뿌리고 파미지아노 레기아노

를 강판이나 채칼을 이용하여 고루 뿌려 마무리한다. 로메인 상추를 시저 드레싱에 미리 무쳐 놓으면 상추가 힘없이 늘어지고 물이 나오므로 제출 직전에 무친다.

06 완성된 시저 샐러드와 마요네즈(100g), 시저 드레싱(100g)을 각각 담아 제출한다.

19 사우전 아일랜드 드레싱

01 양파는 0.2cm 크기로 다져서 소금을 살짝 뿌려두었다가 면보에 꼭 짜서 수분을 제거한다.

02 청피망, 오이피클도 0.2cm 크기로 다져서 물기를 짠다.

03 달걀은 완숙으로 삶아 흰자는 0.2cm 크기로 다지고 노른자는 체에 내린다.

04 물기 없는 볼에 마요네즈와 토마토케첩을 섞어 핑크빛으로 맞추고 여기에 다진 재료를 모두 넣은 후, 레몬즙, 소금, 흰 후춧가루를 넣고 고루 섞는다.

05 완성그릇에 드레싱을 담는다(드레싱은 100ml 이상 담아낸다).

* 달걀이 완숙으로 익지 않을시 실격처리 되므로 삶는 시간에 유의한다.

20 프렌치 프라이드 쉬림프

01 파슬리는 깨끗이 씻어 찬물에 담가 준비한다.

02 새우는 소금물에 씻어 체에 밭쳐둔 후 손질한다.

03 새우는 머리에서 2~3번째 마디에 있는 내장을 이쑤시개를 이용해 제거한 후 머리를 떼어낸다. 꼬리쪽의 한 마디를 남기고 껍질을 벗긴 후 꼬리에 달린 물총(물주머니)을 제거하고 꼬리부분을 V자로 자른다.

04 손질된 새우의 배쪽에 사선으로 3~4회의 칼집을 넣은 다음 바로 눕혀 손으로 새우의 모양을 휘지 않도록 잡아주고 소금, 흰 후춧가루로 간을 한다.

05 레몬은 씨와 피막을 제거하고 양끝을 사선으로 자른다.

06 달걀은 흰자와 노른자를 분리하여 물기없는 볼에 흰자를 넣고 거품을 낸다.

07 튀김기름의 온도를 165~175℃로 올려 준비한다.

08 (튀김옷 반죽 만들기) - 찬물 1큰술 + 달걀 노른자 1큰술 + 백설탕 약간을 먼저 거품기로 잘 섞은 후 + 밀가루 3큰술을 체에 쳐서 넣고 거품기로 가볍게 섞는다. 밀가루가 섞이면 달걀 흰자거품 2큰술 정도를 넣어 가볍게 다시 한번 섞는다.

09 새우의 수분을 완전히 제거한 뒤 꼬리쪽 첫마디를 남기고 밀가루를 살짝 묻히고 다시 튀김옷을 골고루 묻혀 구부러지지 않게 튀긴다.

10 튀긴 새우는 냅킨에 옮겨 기름을 뺀다.

11 완성그릇에 튀긴 새우를 담고 레몬과 파슬리로 장식한다.

21 바베큐 폭찹

01 돼지갈비는 기름기를 제거하고 뼈를 붙여서 1cm 두께가 약간 못되게 펼쳐 잔 칼집을 넣고 소금과 검은 후춧가루로 밑간을 한다.

02 마늘, 양파와 셀러리는 곱게 다진다.

03 밑간이 된 01의 돼지갈비는 밀가루를 앞, 뒤로 골고루 묻힌 다음, 여분의 가루는 털어낸다.

04 팬에 식용유와 버터를 두르고 돼지갈비를 앞, 뒤로 노릇하게 지진다.

05 냄비에 버터를 두르고 다진 마늘, 양파와 셀러리를 충분히 볶은 후 분량의 토마토케첩을 넣어 볶는다. 여기에 물(비프 스톡), 황설탕, 우스터소스, 핫소스, 레몬즙, 식초, 월계수잎을 넣고 끓으면 노릇하게 지진 돼지갈비를 넣어 끓인다.

06 거품은 제거하고 소스를 돼지갈비 위에 끼얹어 가면서 조린다. 고기가 익고 소스가 졸아들면 월계수잎을 건져내고 소금과 검은 후춧가루로 간을 한다.

07 완성그릇에 돼지갈비를 담고 소스를 흐르듯 살짝 끼얹는다.

22 비프 스튜

01 소고기는 종이타월에 핏물을 제거한 후 사방 2cm의 정육면체로 썰어 소금, 검은 후춧가루로 밑간을 한 후 간이 들면 밀가루를 살짝 묻힌다.

02 양파, 당근, 셀러리, 감자는 1.8cm의 정육면체로 썰어 모서리를 둥글게 다듬는다.

03 마늘은 다지고, 파슬리는 잎만 떼어 곱게 다진 후 면보에 싸서 물에 헹구어 물기를 꼭 짜서 파슬리 가루를 만든다.

04 월계수잎에 정향을 꽂아 준비한다.

05 팬에 버터를 두르고 마늘, 양파, 셀러리, 당근, 감자 순으로 타지 않게 볶아내고 소고기를 갈색이 나도록 지진다.

06 (브라운 루 만들기) – 냄비에 버터를 두르고 녹으면 동량의 밀가루를 넣어 약불에서 갈색이 나도록 브라운 루를 만든다.

07 06에 토마토 페이스트를 넣고 신맛과 떫은맛이 없도록 볶은 후 물을 조금씩 넣어가며 풀어주고 볶은 채소와 소고기, 월계수잎에 정향 꽂은 것을 넣고 뭉근하게 끓여준다.

08 농도가 어느 정도 걸쭉해지고 채소와 소고기가 익으면 월계수잎에 정향 꽂은 것을 건져내고 소금, 검은 후춧가루로 간을 한다.

09 완성그릇에 비프 스튜를 담고 파슬리 가루를 뿌려낸다.

23 살리스버리 스테이크

01 냄비에 물을 올려 준비한다(감자, 당근, 시금치 데칠 물).

02 감자는 가로, 세로 1cm×1cm에 길이 5cm로 썰어 물에 담가 놓는다.

03 당근은 0.5cm 두께로 둥글게 썰어 비취(Vichy) 모양으로 다듬는다.

04 시금치는 뿌리를 떼고 깨끗이 씻는다.

05 양파는 곱게 다진다.

06 소고기는 기름기와 힘줄을 제거하고 곱게 다진다.

07 끓는 물에 소금을 넣고 감자, 당근, 시금치순으로 뚜껑을 열고 데쳐내어 감자는 수분을 제거하고, 시금치는 찬물에 헹궈 물기를 제거하고 5cm로 자른다.

08 다진 양파는 시금치와 볶을 양을 남기고 나머지는 볶은 후 펼쳐 식힌다.

09 데친 당근은 냄비에 담고 물, 버터, 설탕, 소금을 넣고 윤기나게 조린다.

10 물기 제거한 감자는 기름에 노릇하게 튀겨 뜨거울 때 소금을 살짝 뿌린다.

11 시금치는 팬에 버터를 살짝 두르고 남겨둔 다진 양파를 넣어 볶으면서 시금치를 넣어 살짝 볶고 소금, 검은 후춧가루로 간을 한다.

12 볼에 다진 소고기와 볶아서 식힌 양파, 소금, 검은 후춧가루, 달걀물(1큰술), 빵가루, 우유를 넣고 고루 섞어 주고 많이 치대 끈기를 준다.

13 양념이 된 고기는 도마로 옮겨 두께 1.5cm, 길이 13cm, 폭 9cm 정도의 타원형으로 다듬은 후 가운데는 살짝 눌러 준다.

14 팬에 식용유와 버터를 소량 두르고 고기를 앞, 뒤로 갈색이 나도록 굽고 불을 줄여 속까지 익힌다.

15 완성그릇에 감자, 당근, 시금치를 놓고 가운데 구운 고기를 얹어 낸다.

24 서로인 스테이크

01 냄비에 물을 올려 준비한다(감자, 당근, 시금치 데칠 물).

02 감자는 가로, 세로 1cm×1cm에 길이 5cm로 썰어 물에 담가 놓는다.

03 당근은 0.5cm 두께로 둥글게 썰어 비취(Vichy) 모양으로 다듬는다.

04 시금치는 뿌리를 떼고 깨끗이 씻는다.

05 양파는 곱게 다진다.

06 끓는 물에 소금을 넣고 감자, 당근, 시금치 순으로 뚜껑을 열고 데쳐내어 감자는 수분을 제거하고, 시금치는 찬물에 헹궈 물기를 제거한 후 5cm로 자른다.

07 데친 당근은 냄비에 담고 물, 버터, 설탕, 소금을 넣고 윤기나게 조린다.

08 감자는 기름에 노릇하게 튀겨 뜨거울 때 소금을 살짝 뿌린다.

09 시금치는 팬에 버터를 살짝 두르고 다진 양파를 넣어 볶으면서 시금치를

넣어 살짝 볶고 소금, 검은 후춧가루로 간을 한다.

10 소고기는 힘줄과 기름을 제거하고 둥근 형태로 만든 다음 소금과 검은 후춧가루를 뿌리고 식용유를 살짝 발라준다.

11 기름 두른 뜨거운 팬에 고기를 넣고 갈색이 나면 뒤집어서 중간 정도 (Medium)로 굽는다.

12 완성그릇에 감자, 시금치, 당근을 담고 가운데 등심을 담아낸다.

25 치킨 커틀렛

01 닭다리는 깨끗이 씻은 후 물기를 제거하고 껍질이 붙은 채로 살을 발라 낸 후 힘줄을 제거하고 두께가 0.7cm 정도 되도록 포를 뜬다.

02 포뜬 닭은 앞, 뒤로 충분히 칼집을 넣고 소금과 검은 후춧가루로 간을 한다.

03 달걀은 볼에 깨서 잘 풀어 놓는다.

04 손질된 닭고기에 밀가루, 달걀물, 빵가루 순으로 옷을 입힌다.

05 170℃의 튀김기름에 황금색이 나게 노릇하고 바삭하게 튀긴다.

06 튀겨낸 닭은 체에 밭쳐 기름을 빼고 냅킨으로 옮겨 기름을 다시 한번 쪽 빼준다.

07 완성그릇에 치킨커틀렛을 담아낸다.

26 치킨 알라킹

01 닭다리는 깨끗이 씻어 물기를 제거하고 살을 발라낸 후 껍질을 제거하고 2cm×2cm로 썰고 닭뼈는 핏물을 제거한다.

02 냄비에 닭뼈와 양파 한 쪽을 넣고 물을 넣어 끓여 치킨육수를 맑게 끓여 면보에 거른다.

03 청·홍피망과 양파는 1.8cm 크기로 자르고, 양송이는 겉껍질을 벗겨 손질하고 모양을 살려 썬다.

04 월계수잎에 정향을 꽂아 준비한다.

05 팬에 버터를 살짝 두르고 양파, 양송이, 피망 순으로 각각 살짝 볶아내고 닭고기도 볶아 준비한다.

06 냄비에 버터를 두르고 녹으면 밀가루를 넣어 약불에서 색이 나지 않도록 서서히 볶아 화이트 루를 만든다.

07 06에 치킨 육수를 조금씩 부어 멍울이 없도록 완전히 푼 후 월계수잎에 정향을 꽂은 것을 넣고 은근하게 끓여 베샤멜 소스를 만든다.

08 07의 베샤멜 소스에 볶아둔 닭살, 양파, 양송이, 청·홍피망을 넣고 우유와 생크림으로 맛과 농도를 맞춘다. 월계수잎에 정향 꽂은 것을 건져내고 소금과 흰 후춧가루로 간을 맞춘다.

09 완성그릇에 치킨 알라킹을 담아낸다.

27 BLT 샌드위치

01 양상추는 찬물에 담가 싱싱하게 살린다.

02 식빵은 기름을 두르지 않은 팬에 양면이 노릇하게 토스트한다.

03 베이컨은 기름을 두르지 않은 팬에 노릇하게 구워 키친타월 위에 놓고 기름을 제거하고 빵 길이에 맞추어서 자른다.

04 토마토는 두께 0.5cm 원형으로 잘라 소금과 검은 후춧가루를 살짝 뿌려두었다가 수분을 제거한다.

05 물에 담가둔 양상추는 면보를 이용하여 수분을 제거하고 식빵 크기에 맞추어 뜯어 놓는다.

06 토스트한 식빵에 마요네즈를 바르고 양상추, 베이컨을 올려놓고 양면에 마요네즈 바른 빵을 올려준 뒤 양상추, 토마토를 올리고 다시 마요네즈 바른 빵 순으로 얹는다.

07 이쑤시개를 이용하여(이쑤시개 제공될 경우) 샌드위치를 고정시키고 칼을 살짝 달구어 4면의 가장자리를 잘라내고 모양을 내어 썰어 완성그릇에 담는다.

28 햄버거 샌드위치

01 햄버거 빵은 가로로 반을 자른 후 버터를 살짝 발라 팬에 굽는다.

02 양상추는 찬물에 담가둔다.

03 토마토는 0.5cm 정도의 두께로 원형으로 잘라 소금을 약간 뿌려 두었다가 수분을 제거한다.

04 양파는 0.5cm 정도의 두께로 원형으로 자르고, 나머지는 곱게 다진다. 셀러리는 섬유질을 제거한 후 곱게 다진다.

05 소고기는 기름기를 제거한 후 곱게 다진다.

06 양상추는 물기를 제거하고 햄버거 빵크기에 맞추어 손으로 자른다.

07 원형으로 썬 양파는 기름없는 팬에 구워내고 다진 양파와 셀러리는 기름을 약간 두르고 볶은 후 펼쳐서 식힌다.

08 넓은 볼에 다진 소고기와 볶아서 식힌 양파, 셀러리, 소금, 검은 후춧가루, 달걀물 1큰술, 빵가루 1~2큰술을 넣고 고루 섞어 끈기가 생기도록 많이 치댄다.

09 치댄 고기는 햄버거 빵보다 직경이 1~1.5cm 크게 만들고, 두께는 0.6~0.7cm 정도로 둥글게 모양을 잡아 팬에 기름을 두르고 가장자리가 타지 않게 은근히 지져낸다.

10 햄버거 빵의 토스트한 면에 버터를 바르고 양상추를 놓고 그 위에 버터를 바르고 지져낸 고기, 양파, 토마토순으로 얹은 후 햄버거 빵을 덮는다.

11 완성된 햄버거를 반으로 자른 후 완성그릇에 담아낸다.

29 토마토소스 해산물 스파게티 35분

01 끓는 물에 소금과 식용유를 넣고 스파게티를 알덴테(al dante - 스파게티의 속심이 살짝 남아있는 상태)로 삶아 물기를 빼고 올리브오일을 넣고 버무려 서로 붙지 않도록 잘 식힌다.

02 마늘과 양파, 캔토마토는 다지고, 파슬리는 잎만 모아 곱게 다진 후 면보에 싸서 물에 헹구어 물기를 꼭 짜서 파슬리 가루를 만든다.

03 바질은 슬라이스한다.

04 새우는 내장을 제거하고 머리쪽 1마디, 꼬리쪽 1마디, 껍질은 남기고 나머지 껍질을 벗기고, 오징어는 껍질을 벗겨 0.6cm 두께로 썬다.

05 모시조개는 소금물에 해감하고, 관자는 막을 제거하고 작은 것은 그대로 큰 것은 반으로 가른다.

06 방울토마토는 반으로 가른다.

07 (토마토소스 만들기) - 냄비에 올리브오일을 두르고 다진 마늘과 양파를 충분히 볶다가 다진 캔토마토와 국물을 넣고 슬라이스한 바질(2장)을 넣어 조리면서 소금과 흰 후춧가루로 간을 한다.

08 (해산물 볶기) - 팬에 올리브오일을 두르고 다진 마늘과 양파를 볶다가 모시조개, 오징어, 새우, 관자살을 넣고 센 불에서 잠시 볶으면서 화이트 와인을 넣고 팬을 기울여 불길이 닿도록(후람베) 조리하여 살짝 조린 후 방울토마토를 넣고 다시 한 번 볶는다.

09 볶은 해산물에 토마토소스를 넣어 살짝 끓이다가 삶은 면을 넣고 소스와 잘 어우러지도록 한 후 소금과 흰 후춧가루로 간을 하고 슬라이스한 바

질, 파슬리 가루를 넣어 버무려 완성한다.

30 스파게티 카르보나라

01 끓는 물에 소금과 식용유를 넣고 스파게티를 알덴테(al dante - 스파게티의 속심이 살짝 남아있는 상태)로 삶아 물기를 빼고 올리브오일을 넣고 버무려 서로 붙지 않도록 잘 식힌다.

02 통후추는 곱게 으깨고, 파슬리는 잎만 모아 곱게 다진 후 면보에 싸서 물에 헹구어 물기를 꼭 짜서 파슬리 가루를 만든다.

03 베이컨은 1cm 정도로 썬다.

04 (리에종(Liaison) 만들기) - 달걀 노른자 1개에 휘핑크림 30ml를 섞어 곱게 잘 풀어 리에종을 만든다.

05 팬에 버터를 넣어 베이컨이 타지 않고 베이컨의 지방이 빠져 나오도록 잘 볶으면서 으깬 통후추를 넣어 향이 잘 우러나게 볶는다.

06 05에 삶은 면을 넣어 잠시 볶으면서 휘핑크림(150ml)을 넣고 살짝 조리듯 저어준다(중불). 여기에 소금간을 약하게 하고 불을 끄면서 리에종(달걀 노른자 1개 + 휘핑크림 30ml(2큰술))을 넣어 소금이 분리되지 않게 농도를 잘 맞추어 스파게티와 크림소스가 잘 어우러지도록 재빠르게 휘저어 준다.

07 06에 파마산 치즈가루, 파슬리가루를 넣어 버무려 완성한다.

 MEMO

MEMO

한국산업인력공단
새 출제기준에 따른 최신판!!

양식
조리기능사
실기시험문제

별책부록 핵심요약집